KATRIN UND FRANK HECKER

EIN GUTES DUTZEND

WILDE KRÄUTER

FINDEN & GENIESSEN

KOSMOS

INHALT

POWERFOOD VOR DER HAUSTÜR

Wildpflanzen zu essen gehört zum Natürlichsten, was du tun kannst. Über viele Jahrtausende haben wilde Pflanzen uns ernährt, gesund gehalten und auch geheilt. Warum heute noch Wildpflanzen essen, wo wir doch feinste Salate und Gemüse im Überfluss haben? Weil nur wilde Pflanzen etwas haben, das du sonst nirgendwo finden kannst: unverändert und ungezüchtet trotzen sie seit Jahrmillionen mit ihren vielfältigen Wirkstoffen Viren, Bakterien und Pilzen – und geben diese grüne Kraft auch an uns weiter.

Grünzeug oder der geheime Schatz

Vielleicht denkst du bei essbaren Wildpflanzen an ein grünes Salatblättchen hier und da oder an ein paar hübsche Blütenblättchen zur Dekoration. So fing es jedenfalls bei uns an. Heute wissen wir, was wirklich möglich ist, wenn du dich mit dem Wildpflanzen-Wissen verbindest. Es ist ein Schatz, den wir nie wieder missen möchten und an dem wir gern auch dich teilhaben lassen wollen. „Grünzeug" ist nämlich weit mehr als nur „Salat"!

Wir nehmen dich mit!

In diesem Buch möchten wir dich gern mit rausnehmen zu diesen unglaublich vielfältigen Geschmäckern vor unserer Haustür. Da wächst im Frühjahr mit dem frisch austreibenden Giersch die feinste wilde Petersilie in Hülle und Fülle, gefolgt von wilder Kresse in Gestalt der Schaumkräuter. Und wenn du

Pflücke Wildpflanzen nur in kleinen Mengen und für deinen persönlichen Bedarf.

Waldmeister für die Mai-Bowle

entsprechend würdigst. Bitte beachte, dass in Naturschutzgebieten das Sammeln nicht erlaubt ist. Pflanzen, die unter Schutz stehen, dürfen generell nicht gepflückt werden.

Gut für die Pflanze – gut für uns

Wilde Pflanzen haben etwas an sich, bei dem Kopfsalat, Kohl, Spinat & Co nicht mithalten können: sie enthalten viel mehr Vitalstoffe. Aus unseren gezüchteten Gemüsesorten wurden sie zum großen Teil herausgezüchtet.

Senf, Pfeffer oder Meerrettich wünschst, dann suche Blätter, Samen und Wurzeln der häufigen Knoblauchsrauke. Richtigen Knoblauch gibt es natürlich auch: der Bärlauch hält ihn in seinen Blättern und Blüten bereit. Vielleicht suchst du auch ein Nelkengewürz für deinen Punsch? Du findest es in den Wurzeln der Nelkenwurz. Vielleicht probierst du auch den Kaffee aus Wurzeln vom Löwenzahn und natürlich die legendäre Mai-Bowle aus dem wunderbaren Waldmeister.

Achtsam mit Wildpflanzen

Was immer du findest und egal, wie häufig es dir vorkommt: wir möchten dich bitten, wertschätzend und achtsam mit dem wilden, grünen Schatz umzugehen. Wir freuen uns, wenn du Wildpflanzen aus der Natur in Maßen sammelst und deine Sammelschätze

Knoblauchsrauke

Wildkräuter schmecken intensiver als Kulturpflanzen.

Das kannst du ganz leicht selbst testen, denn Wildpflanzen schmecken viel intensiver als gekaufter Salat! Meist bitterer, oft einfach strenger, als wir es gewohnt sind. Deshalb ist es eine gute Idee, Wildpflanzen erstmal in kleinen Mengen regelmäßig in deinen Alltag zu integrieren. So bekommt dein Körper Stück für Stück das zurück, was ihn ganz natürlich gesund und am Laufen hält.

Mineralstoffe, Vitamine & pflanzliches Eiweiß

Essbare Wildpflanzen, das zeigten Inhaltsstoffanalysen der Universität Bonn, haben unter anderem einen weitaus höheren Anteil an Mineralstoffen, Vitaminen und Eiweiß als kultivierte Pflanzen. Viele verschiedene Wildpflanzen wie Löwenzahn, Gänseblümchen und Giersch hat man dazu im Vergleich zu Blumenkohl, Feldsalat und Spinat untersucht. Schau dir einmal die unterschiedlichen Gehalte an Mineralien, Vitamin C und Eiweiß zwischen der Brennnessel und einem gezüchteten Kopfsalat an.

KOPF AN KOPF? – SALAT UND WILDKRAUT IM VERGLEICH

	Kopfsalat	Brennnessel
Calcium	37	630
Vitamin C	13	333
Eisen	1,1	7,8
Magnesium	11	71
Kalium	224	410
Phosphor	33	105
Reineiweiß	0,6	5,9

Mineralstoffgehalt in mg/100 g essbaren Anteils (Mittelwerte), Reineiweißgehalt in g/100 g essbaren Anteils. Auszug aus: Wildgemüse (Nr. 1182), herausgegeben von aid-Infodienst, Bonn, 1982.

Die Waffen der Wildpflanzen

Was aber Wildpflanzen so besonders für unsere Ernährung macht, das sind längst nicht allein die hohen Konzentrationen an Mineralstoffen, Vitaminen und pflanzlichem Eiweiß! Es gibt darüber hinaus einzigartige und sehr individuelle Wirkstoff-Gemische in jedem einzelnen Kraut. Sie sind es, die dafür sorgen, dass Wildpflanzen sich auch ohne Dünger und Gifte in ihrer Umwelt behaupten können, und das seit Jahrmillionen.

Diese „Waffen" der Wildpflanzen, die ihnen ihre robuste, widerstandsfähige Natur verleihen sind vielfältig. Es gibt ätherische Öle, Bitterstoffe, Gerbstoffe, Schleimstoffe, Seifenstoffe und viele, viele mehr.

Von immenser Bedeutung sind diese „sekundären Pflanzenstoffe" oder „Phytamine" natürlich erst einmal für die Pflanzen selbst, darüber hinaus aber auch für uns! Denn auch in unserem Körper können sie eine Menge bewirken. So sorgen Bitterstoffe dafür, dass unsere Verdauungsorgane mehr Verdauungssäfte abgeben und auch schwere Kost leichter aufgespalten werden kann, Gerbstoffe schützen unsere Darmwände und die Wirkstoffe im Bärlauch wirken nicht nur antibakteriell im Magen-Darm-Trakt, sondern regen zusätzlich unser Kreislaufsystem an. Letztlich sind es genau diese Phytamine, die viele Wildpflanzen auch zu grandiosen Heilpflanzen machen.

Sammeln und aufbewahren – aber richtig!

Wer hat beim Spaziergang im Wald schon einen Korb dabei? Wohl die wenigsten, also wir jedenfalls auch nicht. Genau dann „passiert's" aber häufig: da sprießt gerade die Knoblauchsrauke so perfekt und plötzlich findet man endlich mal den Bärlauch. Für solche Momente ist es praktisch, ein einfaches,

Beifuß-Ernte

Transportiere Wildpflanzen luftig und locker.

dünnes Baumwolltuch in der Tasche zu haben – zum Beispiel ein dünnes Halstuch. Einfach die Zipfel oben zusammenknoten, Kräuter rein – und nichts zermatscht auf dem Weg nach Hause. Plastiktüten sind für Kräuter nicht wirklich geeignet, denn sie werden darin schnell matschig und das will zu Hause keiner mehr essen.
Das ist es, worum es wirklich beim Sammeln geht: schau, dass du deine kostbaren Schätze möglichst nicht quetschst. Dazu ist es wichtig, sie möglichst locker und luftig nach Hause zu bekommen.

So richtig auf Sammeltour

Gehst du aber gezielt so richtig auf Sammeltour, ist es sinnvoll, möglichst mehrere kleine Körbe aus Weide oder Draht, Schälchen, Stoffbeutel und -tücher dabeizuhaben. So vermischen sich deine Kräuter nicht wild miteinander, das ist viel angenehmer, um sie zu Hause dann zu verarbeiten. Ein wirklich wichtiges Utensil ist eine kleine Schere. Sie verhindert, dass du wild an Pflanzen herumzerren musst oder sie gar ganz herausreißt, was bei empfindlichen Pflänzchen wie zum Beispiel dem Waldmeister leicht passieren kann.

Drei gold'ne Sammelregeln

Als Zeichen deiner Wertschätzung für die Geschenke aus der Natur sammle bitte immer so, dass der Nächste nicht sieht, dass du schon hier warst.
Für deine Gesundheit schau bitte genau, wo du sammelst (nicht an Hunde-Gassi-Strecken, Äckern, Straßen).
Und ganz wichtig: sammle nur, was du eindeutig erkennst! Im Zweifel lieber stehen lassen.

Blüten auszupfen und locker ausgebreitet trocknen.

Wildpflanzen haltbar machen

Dicke, bunte Sträuße, die hübsch am sonnigen Fenster baumeln – dieses Bild geistert leider noch immer durch die Medien. Wenn du Wildpflanzen trocknen möchtest, dann ist das eine sehr gute Idee – aber nicht so. In der Mitte solcher Sträuße verpilzen die Pflanzen nämlich schneller, als sie trocknen können und das ist sehr ungesund. Die UV-Strahlung baut derweil die Wirkstoffe außen am Strauß ab.

Wenn du Sträußchen binden möchtest, dann nur ganz kleine, dünne (aus 3–5 Stängeln) und lasse sie im Schatten trocknen.

Wirklich bewährt hat es sich, die Pflanzen locker auf einem Wäscheständer mit einer Tischdecke oder einem Handtuch darunter an einem schattigen Plätzchen im Haus auszubreiten. So getrocknete Kräuter schimmeln nicht und behalten ihren guten Duft und ihre Farbe – daran erkennst du, dass sie auch noch ihre wertvollen Wirkstoffe enthalten.

Wurzeln zum Trocknen in feine Scheibchen schneiden.

WILDER WALD-KNOBLAUCH

DER BÄRLAUCH

Der Bärlauch enthält dieselben gesundheitsfördernden Lauchöle wie der bekannte Knoblauch. Darüber hinaus punktet der ungezähmte, wilde Bruder aber noch mit unzähligen Wirkstoffen, die eben nur echte Wildkräuter aufzuweisen haben – das macht ihn besonders begehrenswert. So kam der „Bären-Lauch" auch zu seinem Namen: ungezähmte, wilde Bärenkräfte soll er unserem Körper im Frühjahr verleihen und unseren Stoffwechsel nach dem Winter wieder in Gang bringen.

BÄRLAUCH

Allium ursinum

Manche Wälder stinken im Frühjahr regelrecht nach Knoblauch, in anderen fehlt er gänzlich – um ihn zu finden brauchst du etwas Glück! Leider hat ausgerechnet der Bärlauch einige tödlich giftige Doppelgänger!

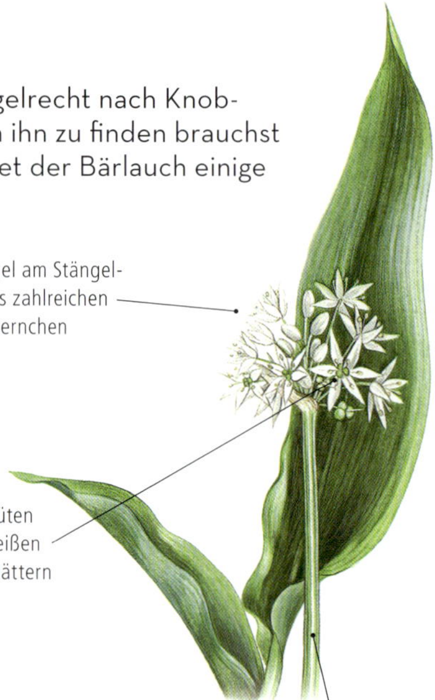

SO SIEHT ER AUS!

Jedes Blatt mit eigenem Stängel

Die Blätter des Bärlauchs sind eiförmig-lanzettlich geformt und zwischen 2 und 5 Zentimetern breit. Die Blattadern sind alle parallel zueinander angeordnet.
Die Blattunterseite ist matt und heller grün. Ein sehr wichtiges Merkmal zur Unterscheidung von hochgiftigen Doppelgängern wie Maiglöckchen und Herbstzeitlose: Jedes Blatt besitzt einen eigenen, langen, dreikantigen Blattstängel, der bis hinunter zur langen, dünnen Zwiebel reicht. Jeder Zwiebel entspringen zwei Blätter.

Wie kleine Schwerter durchbrechen die Bärlauchblätter im April die braune Laubschicht.

Knoblauchduft im Wald

Zerrieben riechen Bärlauchblätter intensiv nach Knoblauch. Doch zur Bestimmung reicht dies keinesfalls aus! Hast du erst einmal einige der Blätter zerrieben, haftet der Knoblauchgeruch an deinen Fingern und auch jedes weitere Blatt – egal von welcher Art – wird nun vermeintlich nach Knoblauch riechen. Besonders tückisch: manch ein giftiger Doppelgänger wächst mitten in Bärlauch-Beständen. Deshalb beachte bitte unbedingt alle Merkmale zur Unterscheidung von giftigen Pflanzen!

Dünne, lange Zwiebeln

Der Bärlauch kann sich nicht nur über Samen vermehren, sondern auch über seine Zwiebeln. Aus einer Zwiebel werden bald mehrere und wo es dem Bärlauch gefällt, kann er bald große Bestände ausbilden.

Aus einer Zwiebel entspringen in der Regel zwei grüne Laubblätter und ein Blütenstängel.

SO FINDEST DU IHN!

Wann?
Die Blätter erscheinen gebietsweise schon im März und sind bis Ende Mai gut zu benutzen. Blütenknospen findest du ab April und mancherorts bis in den Juni hinein.

Wo?
Der Bärlauch braucht es schattig und kühl und gedeiht daher bevorzugt in Wäldern. Lockere, feuchte und nährstoffreiche Böden in Laubwäldern hat er besonders gern.

Am richtigen Platz kann der Bärlauch rasch zu großen Beständen heranwachsen.

Wie?
Bitte benutze zum Ernten eine Schere und schneide behutsam Blatt für Blatt und Blütenstängel für Blütenstängel ab. Beim Pflücken reißt du sonst allzu leicht die zarten Zwiebeln aus der lockeren Erde.

Beste Freunde
Buche, Aronstab, Waldmeister, Buschwindröschen

VORSICHT VERWECHSLUNG!

Maiglöckchen ☠
- riecht nicht nach Knoblauch
- Blattunterseiten glänzend dunkelgrün
- Blüten sind kleine, weiße Glöckchen, aufgereiht übereinander am Blütenstängel angeordnet
- die 2 (–3) Blätter sitzen immer an einem gemeinsamen Stängel, den sie unten fest umrollen

TIPP *Am besten wartest du mit der Ernte, bis der Bärlauch Knospen und erste Blüten entwickelt hat und schneidest auch dann jedes Blatt unbedingt einzeln unten am Ende des langen Stieles ab.*

Gefährlichster Doppelgänger:
das hochgiftige Maiglöckchen (rechts)

Aronstab ☠
- junge Blätter schwertförmig
- Blattadern nicht ausschließlich parallel angeordnet, sondern in einem verzweigten Adernetz
- zur Blütezeit unverkennbar mit einem großen, weißen Hochblatt

Herbst-Zeitlose ☠
- Blätter breit lanzettlich und ohne Blattstiel
- alle Blätter sind am Grund fest umeinander gerollt
- Blüten erscheinen erst im Herbst und ähneln lila Krokussen

SO KANNST DU IHN VERWENDEN!

Bärlauch wirkt mit seinen Lauchölen anregend auf den gesamten Stoffwechsel. Er bekämpft schädliche Bakterien im Darm und bringt unser Immunsystem auf Vordermann. Zusätzlich enthält er viele Mineralstoffe wie Eisen und Magnesium, gesundheitsfördernde Flavonoide, Saponine und viel Vitamin C. Das perfekte Kraut also für eine vitalisierende Frühjahrskur.

Bärlauch-Quark

Bärlauch sollte, wann immer möglich, frisch und roh genossen werden, denn beim Trocknen verändern sich seine guten Wirk- und Geschmackstoffe. Quark, Frischkäse oder Feta (auch vegan sehr lecker) mit Bärlauch lässt sich schnell zubereiten. Den Quark oder Käse fein verrühren bzw. zerdrücken, etwas Olivenöl und Zitronensaft dazugeben, mit Pfeffer und Salz abschmecken und zum Schluss die gewaschenen, fein geschnittenen Blätter, Knospen und Blüten des Bärlauchs unterheben.

Bärlauch-Pesto

Auch für ein Pesto wird der Bärlauch frisch benutzt, er muss hierfür nach dem Waschen gründlich trocken getupft und dann ganz fein geschnitten werden. Mit einem guten Olivenöl, geriebenem Parmesankäse, gehackten Pinien- oder Walnusskernen und etwas Salz vermischen. Wichtig: das Pesto muss so flüssig sein, dass alles im Olivenöl schwimmt, sonst kann es zu Schimmelbildung kommen. Hält im Kühlschrank mehrere Wochen.

BÄRLAUCH-ESSIG

Das brauchst du

1 Flasche Apfelessig

1 fest verschließbare Weithals-Flasche

Teesieb

Etikett und Stift

2 Hände voll Bärlauch-Blätter, evt. auch Knospen und Blüten

1–2 Teelöffel Honig

evtl. 1–2 Teelöffel Essig-Essenz (macht den Essig länger haltbar)

So geht's

1. Den Bärlauch gründlich waschen, trocken tupfen und zerkleinern.
2. Das zerkleinerte Kraut in die Weithalsflasche geben und mit dem Apfelessig übergießen (die Flasche aufheben, sie wird noch gebraucht). Honig und evtl. Essig-Essenz zugeben.
3. Die Flasche fest verschließen und gut schütteln. Falls noch Grünes oben auf dem Essig schwimmt, den Ansatz besonders in den ersten Tagen regelmäßig schütteln, um Schimmelbildung zu verhindern. Mit der Zeit saugen sich die Blätter mit dem Essig voll und sinken nach und nach zu Boden.
4. Den Ansatz an einem warmen aber nicht sonnigen Plätzchen zwei bis drei Wochen durchziehen lassen, dabei gelegentlich schwenken.
5. Dann durch das Teesieb in eine saubere, fest verschließbare Flasche gießen (beispielsweise die Essig-Flasche). Etikettieren und Datum nicht vergessen.

Der Essig ist so lange haltbar wie der gewählte Essig. Bitte im Kühlschrank aufbewahren.

KRAUT DER KELTEN

DER BEIFUSS

Seit alters her ist der Beifuß ein begehrtes Gewürzkraut. Seine aromatischen Bitterstoffe regen Verdauungssäfte an und machen damit fette Speisen nicht nur schmackhafter, sondern auch bekömmlicher. Aus jahrtausendealten Überlieferungen wissen wir heute, dass der Beifuß außerdem zu den ältesten und wichtigsten Heil- und Zauberkräutern keltischer und germanischer Stämme gehörte.

BEIFUSS

Artemisia vulgaris

Obwohl er praktisch allgegenwärtig entlang unserer Wege wächst und mit seiner stattlichen Größe kaum zu übersehen ist, wird der Beifuß heute kaum noch bewusst wahrgenommen.

SO SIEHT ER AUS!

Fiederteilige Blätter

Beifußblätter sind in schmale Fiedern unterteilt. Diese sind lanzettlich geformt und laufen zu den Blattzipfeln hin spitz zu. Charakteristisch: die Spitze jedes dieser zerschlitzten Blätter sieht aus wie ein Dreizack. Auf der Oberseite sind die Blätter unbehaart und dunkelgrün, die Unterseite hingegen ist mit einem Filz weißer Härchen überzogen, wodurch sie deutlich heller grün erscheint.
Zerreibt man Beifußblätter zwischen den Fingern, wird ein würzig-aromatischer Duft freigesetzt, der sofort das Wasser im Mund zusammenlaufen lässt. Das sind die verdauungsfördernden Bitterstoffe – unser Speichelfluss wird schon beim Schnuppern reflexartig angeregt.

Wichtiges Erkennungszeichen: Blattoberseite (links) dunkelgrün, Unterseite (rechts) weißfilzig

Ohne große Blütenblätter

Beifußblüten sind klein und wenig auffällig. Richtiger spricht man von Blütenkörbchen, denn was aussieht wie eine Blüte entpuppt sich bei näherer Betrachtung als Zusammenschluss aus mehreren winzigen Einzelblütchen. Jedes dieser zusammengesetzten, eiförmigen Blütenkörbchen misst um die 3 mm und kann gelblich oder rötlichbraun gefärbt sein. Der Beifuß blüht erst im Spätsommer, dafür aber bis in den Herbst hinein.

Mehr wird das nicht: Beifußblüten

Zur Sonne hin rot

Der Stängel bildet einen schönen Kontrast zu den grünen Blättern, denn wo er sich der Sonne zuwendet, verfärbt er sich in ein warmes Weinrot. Auf dem Stängel kannst du viele Rillen fühlen und manchmal auch einen weichen Flaum aus Härchen, der sich leicht abreiben lässt.

Beifußstängel werden fingerdick und sind sehr stabile Gebilde.

SO FINDEST DU IHN!

Wann?
Die ersten Beifußblättchen sprießen schon ab April, sie sind besonders zart und nicht zu stark aromatisch – toll im Salat! Im Juni und Juli kommen die Knospen in der Wildkräuterküche zum Einsatz. Blüht der Beifuß ab Juli, sind seine Blätter zum Verzehr nicht mehr geeignet.

Wo?
Beifuß wächst häufig auf naturbelassenen oder selten gemähten Wegrändern und Wiesen. Je nährstoffreicher der Boden, umso größer wird er.

Wächst wirklich oft „Bei-Fuß".

Wie?
Im Frühjahr kannst du schon die ersten, bodennahen Blättchen naschen, der Beifuß treibt danach verlässlich wieder neu aus. Ist der Stängel hochgeschossen, schneidet man die jüngsten Seitentriebe und zupft zuhause Blätter und Knospen davon ab.

Beste Freunde
Spitz-Wegerich, Gräser, Kletten, Johanniskraut, Königskerze

VORSICHT VERWECHSLUNG!

Beifuß-Ambrosie ☠
- bis 2 m hoch
- Blätter sehr ähnlich dem Beifuß (Name!), aber Blattunterseite nicht weißfilzig
- wächst an Weg- und Ackerrändern und in Gärten, wo sie häufig durch Vogelfutter eingetragen wird
- stark allergen wirkender Pollen, kann Heuschnupfen und Asthma auslösen
- Berühren der Blätter kann Hautreizungen auslösen

Echter Wermut (🍴)
- bis 1,50 m hoch
- auf eher nährstoffarmen Böden, selten im Süd- und Nordwesten
- Blätter sehr ähnlich dem Beifuß, aber beidseitig weißfilzig
- auch der Stängel ist weißfilzig
- starkes Bitterkraut, darf nur blättchenweise genutzt werden

Beifuß (links) und Echter Wermut (rechts)

Blauer Eisenhut ☠
- bis 2 m hoch
- bevorzugt feuchte Standorte
- Verwechslungsgefahr mit Blättern vor der Blütezeit
- Blattunterseite nicht weißfilzig
- berühmtes Mord- und Pfeilgift

TIPP *Um Verwechslungen mit dem hochgiftigen Eisenhut auszuschließen, warte mit dem Sammeln, bis der Beifuß Blütenknospen trägt und erste Blüten öffnet.*

SO KANNST DU IHN VERWENDEN!

Bitterstoffe und ätherische Öle wie Kampfer und Thujon machen den Beifuß zu einem ebenso wohlschmeckenden wie verdauungsfördernden Kraut. Probiere ruhig auch mal einen Tee aus Beifußblättern. Er wirkt wärmend und entkrampfend und tut besonders Frauen gut!

Junge Triebe mit Knospen
Solange die Knospen noch fest verschlossen sind, ist der Beifuß besonders wirkungsvoll und schmackhaft. Schneide die oberen 10–15 cm von den reichlichen Seitentrieben ab. Du kannst sie pur kleingeschnitten in den Salat und in Gemüsepfannen geben oder auch in Teig ausbacken.

Beifuß-Magenbitter
Aus Beifuß, eingelegt in 40 %igen Alkohol, wird ein sanfter Magenbitter. Wenn du es noch bitterer magst, gib noch klein geschnittene Löwenzahn-Wurzeln dazu. Nach drei Wochen im Wodka-Bad ist der Beifuß fertig ausgezogen und wird durch ein Teesieb in eine saubere Flasche abgeseiht.

Aromatisiertes Öl
Lasse die Beifußblätter über Nacht anwelken und ziehe sie dann in einem guten Olivenöl aus. Wie genau du so ein Auszugsöl herstellt findest du im Rezept auf Seite 106.

BEIFUSSSPITZEN IM TEIGMANTEL

So geht's

1. Mehl, Milch (Hafermilch), Eier (Sojamehl) und Salz mit dem Handrührgerät zu einem geschmeidigen Teig verrühren.
2. Den Teig für eine halbe Stunde im Kühlschrank ruhen lassen, dann herausnehmen und das Mineralwasser einrühren.
3. Reichlich Bratöl in der Pfanne erhitzen, bis es richtig heiß ist.
4. Die Beifußspitzen am unteren Stängelende anfassen, kurz im Teig wälzen und in der Pfanne anbraten, bis sie rundum bräunlich und knusprig sind.
5. Mit Puderzucker bestäuben und mit frischen Beifußspitzen garnieren.

Das brauchst du

10–15 cm lange Beifußspitzen mit Knospen

2 Tassen Mehl

1 Tasse Milch (vegan: Hafermilch)

3 Eier (vegan: 2 Esslöffel Sojamehl)

1/2 Tasse Mineralwasser

Prise Salz

Bratöl

Puderzucker

TIPP *So hältst du fertige Beifußspitzen warm: Einen Topf mit heißem Wasser auf den Herd stellen, Herdplatte auf Stufe 2 schalten und einen tiefen Teller auf den Topf legen. Die fertigen Beifuß-Spitzen in den Teller legen und mit dem Topfdeckel zudecken.*

WILDE KRESSE

DAS BITTERE SCHAUMKRAUT

Sein Name lässt kaum vermuten, dass es sich hier um ein wirklich schmackhaftes und dazu noch außerordentlich gesundes Wildkraut handelt. Bekannter ist da schon die sehr ähnliche Brunnenkresse, mit der das Bittere Schaumkraut auch häufiger verwechselt wird, als man denkt. Macht nichts, denn in beiden stecken die scharf schmeckenden, sehr gesunden Senföle, Bitterstoffe und viel Vitamin C.

BITTERES SCHAUMKRAUT

Cardamine amara

In Mitteleuropa kommen viele verschiedene Schaumkräuter vor, am auffälligsten sind aber das Bittere Schaumkraut, das Wiesen-Schaumkraut und die Echte Brunnenkresse.

SO SIEHT ES AUS!

Die schmecken nach Senf

Die Blätter des Bitteren Schaumkrauts sind in viele kleine Abschnitte unterteilt. Ein einziges Blatt besteht aus 2–8 sich gegenüberstehenden Blättchen, dazu kommt noch jeweils ein etwas größeres Blättchen ganz am Ende. Koste mal! Es schmeckt senfartig-scharf und erinnert sehr an Gewürz-Kresse. Ein anderer Name für das Bittere Schaumkraut ist deshalb auch „Kressen-Schaumkraut".

Erste Blätter im Frühjahr

Lila Staubbeutel

Jede Blüte besteht aus 4 weißen, eiförmigen, etwa 1 cm langen Blütenblättern, in deren Mitte 6 lila Staubbeutel prangen. Dies ist ein wichtiges Unterscheidungsmerkmal zum Wiesen-Schaumkraut und zur Echten Brunnenkresse. Bei ihnen sind die Staubbeutel auffallend goldgelb.

Verbreitet sich über Ausläufer

Wo ein Bitteres Schaumkraut wächst, da bilden sich an günstigen Standorten bald größere, zusammenhängende Bestände. Das liegt daran, dass jede Pflanze sich zu allen Seiten hin über Ausläufer verbreiten kann.

Blüte des Bitteren Schaumkrauts

SO FINDEST DU ES!

Wann?

Als eines der ersten, vitalisierenden Frühlingskräuter kannst du das Bittere Schaumkraut bereits im April finden. Auch zur Blütezeit im Mai ist es noch zart und schmackhaft.

Wo?

Das Bittere Schaumkraut bevorzugt halbschattige Standorte mit gut durchfeuchteten, nährstoffreichen Böden. So wächst es gern am Ufer von Gräben, in Waldsümpfen und auf nassen Wiesen.

Wie?

Bitte gib acht, dass du beim Pflücken nicht versehentlich die locker sitzenden Würzelchen mit herausreißt. Besser ist es, die Stängel der zarten Pflanze mit einer Schere abzuschneiden. Essbar sind sowohl Blätter als auch der Stängel und die Blüten.

Beste Freunde

Wasserdost, Baldrian, Mädesüß, Knoblauchsrauke, Bach-Nelkenwurz

Typisch: Wächst niederliegend bis kriechend und auch aufrecht.

VORSICHT VERWECHSLUNG!

Bitteres Schaumkraut (links) und Wiesen-Schaumkraut (rechts)

Brunnenkresse 🍴

- wächst auch mitten im Wasser und sogar untergetaucht in fließenden Gewässern
- bevorzugt klare, kalte Bäche („Bachbitterkraut")
- auch im Winter grün
- Stängel innen hohl
- Blüten weiß mit gelben Staubbeuteln
- ein Blatt besteht meist nur aus 1–4 gegenüberliegenden Blattpaaren plus größerem Endblättchen
- Blättchen etwas dickfleischig
- beliebtes Kraut, das auch in speziellen „Kressegräben" angebaut wird

Wiesen-Schaumkraut 🍴

- Blütenblätter rosa bis violett (seltener auch weißlich)
- Staubeutel gelb
- Blättchen länglich und schmal
- Blattrosette am Grund der Pflanze mit eher rundlichen Blättchen
- Stängel hohl
- gedeiht auch auf trockeneren Wiesen und auf Rasen in Gärten

TIPP *Pro Tag solltest du nicht mehr als eine Handvoll Schaumkräuter verzehren, da die Senföle im Übermaß genossen den Magen reizen können. Hast du zu viel gesammelt, friere den Rest am besten ein.*

SO KANNST DU ES VERWENDEN!

Schaumkräuter sollten möglichst frisch verwendet werden, getrocknet verändert sich ihr Geschmack und sie zeigen dann auch nicht mehr ihre volle Wirksamkeit.

Schneiden, nicht rupfen

Das Bittere Schaumkraut ist eine sehr zerbrechliche Pflanze. Bitte achte darauf, es beim Sammeln nicht zu quetschen, denn die wertvollen Senföle sind leicht flüchtig. Am besten ist es, eine kleine Schere zu benutzen, dann kannst du auch nicht versehentlich die Wurzeln mit herausreißen. Die sitzen nämlich nicht sehr fest in der lockeren Erde.

Schere zum Ernten nicht vergessen!

Richtig zubereiten

Du kannst alles vom Bitteren Schaumkraut verwenden: Blätter, Knospen, Blüten und sogar die Stängel. Alles an der schattenliebenden Sumpfpflanze ist zart und wohlschmeckend. Koste mal eine Blüte: Auch sie schmecken überraschend scharf nach Senf!
Wir legen immer einen Teil der Blüten und Blätter beiseite und benutzen sie dann als essbare Dekoration, das sieht sehr schön und besonders aus.

Schaumkraut-Salat

In einen vitalisierenden Frühlingssalat passen neben dem Bitteren Schaumkraut noch Wildkräuter wie Löwenzahn, Vogelmiere, Knoblauchsrauke, Sauerampfer und Gänseblümchen.

QUARK MIT BITTEREM SCHAUMKRAUT

So geht's

1. Das Bittere Schaumkraut kurz unter fließendem Wasser waschen und mit einem Geschirrhandtuch trockentupfen.
2. Einen Teil der Blüten und Blätter als Dekoration beiseitelegen. Den Rest mit dem Messer zerkleinern.
3. Den Quark mit dem Öl und Zitronensaft zu einer gleichmäßigen Masse verrühren.
4. Salz, Pfeffer und das fein gehackte Bittere Schaumkraut dazugeben. Gut verrühren.
5. Zum Schluss den Quark mit ein paar Blüten und Blättchen dekorieren.

Dieser Quark passt toll zu Pellkartoffeln oder du benutzt ihn einfach als Brotaufstrich. Garantiert naturköstlich!

Das brauchst du

250 g Quark (Topfen)
1 Esslöffel Olivenöl
1 Spritzer Zitrone
1 Messerspitze Salz
etwas Pfeffer
1 Handvoll Bitteres Schaumkraut

TIPP *Statt Quark kannst du auch Frischkäse oder Feta (auch vegan) benutzen. Wird dir der Aufstrich zu fest, gib etwas Milch, Öl oder Naturjoghurt dazu.*

DAS SUPERFOOD

DIE BRENNNESSEL

Hätte sie nicht das Feuer in ihren Blättern, dann würde es vielleicht längst keine Brennnesseln mehr geben. Brennnesseln sind so lecker und gleichzeitig nahrhaft, dass unzählige Tiere und auch wir Menschen sie seit Jahrtausenden lieben – trotz ihrer Brenzligkeit. Blätter und Samen enthalten unter anderem viel pflanzliches Eiweiß, Vitamine, Kalzium, Kalium, Kieselsäure und Eisen.

BRENNNESSEL

Urtica dioica

Ihr wichtigstes Erkennungsmerkmal kann man fühlen: Bis auf die Wurzel, ist alles an der Brennnessel mit wirklich fiesen Brennhaaren bewehrt, die unangenehm juckende Quaddeln auf der Haut hinterlassen.

SO SIEHT SIE AUS!

Brenzlige Blätter

Die Blätter der Brennnessel sind langgestielt und dunkelgrün mit tief gesägten Blatträndern, manche sind eher rundlich, andere eher länglich. Dabei entspringen stets zwei Blätter am selben Punkt des Stängels und stehen sich deshalb direkt gegenüber, man nennt das gegenständig.
Das unverwechselbare Merkmal der Brennnessel ist vor allem zu spüren – und das schmerzhaft. Blätter, Stängel, Blüten und Samen sind mit durchsichtigen Brennhaaren bewehrt. Die Spitze dieser feinen Härchen bricht bei Berührung ab und setzt eine juckende und brennende Flüssigkeit frei. Ein guter Fraßschutz, den die schmackhafte Pflanze sich da ausgedacht hat, aber mit ein paar Tricks lassen sich die brenzligen Haare überlisten.

Bei der Brennnessel gibt es Männchen (links) und Weibchen (rechts).

Männlein oder Weiblein?

Bei der Brennnessel gibt es Männchen und Weibchen. Die männlichen Blüten sind hellgrün und kugelig dick. Die Blütenrispen stehen eher waagerecht vom Stängel ab und lassen die Pollen ausschwärmen. Die weiblichen Blüten, aus denen sich die Samen entwickeln, sind dunkelgrün, eiförmig und flach. Die Blütenrispen hängen schlaff am Stängel herunter. Je reifer die Samen, umso schwerer werden sie.

Gibt's falsche und richtige Samen?

Diese Frage sorgt in den sozialen Medien jedes Jahr auf's Neue für Verwirrung und nicht selten werden die verblühten männliche Blüten als vermeintliche „Samen“ gesammelt. Richtig ist natürlich: nur weibliche Brennnesseln bilden Samen aus!

Weibliche Brennnessel mit eiweißreichen grünen Samen

SO FINDEST DU SIE!

Wann?

Die ersten Blättchen der Brennnessel kannst du schon Anfang März finden. Im April kommt dann schon richtig Blattmasse zusammen. Wo Brennnesseln gelegentlich gemäht werden, findest du noch bis in den Spätsommer hinein frischgrüne Blätter. Reife Samen gibt es von Juli bis September.

Noch ohne lange Stängel: saftig grüne Brennnesselblätter im Frühling

Wo?

An Säumen nährstoffreicher Wege, an Gräben, Wiesen, Hecken und Wäldern.

Wie?

Zum Sammeln empfiehlt es sich, Handschuhe zu tragen. Die oberen Triebspitzen mit der Schere abschneiden. Die Samen lassen sich leicht abstreifen.

Beste Freunde

Beifuß, Löwenzahn, Gräser, Taubnesseln, Baldrian, Mädesüß

VORSICHT VERWECHSLUNG!

Weiße Taubnessel

- Blätter sehr ähnlich der Brennnessel
- ohne Brennhaare („taube Nessel"), aber mit flaumigen Härchen
- auffällige, weiße Blüten
- reich an ätherischen Ölen
- Blätter und Blüten sind roh in Salaten oder Kräuterbutter und gekocht wie Spinat essbar

Wolfstrapp

- Blätter dunkelgrün, schmal-lanzettlich, am Rand grob gesägt
- keine Brennhaare
- Blüten (ab Juli) klein, weiß, sitzen gehäuft in den Blattachseln
- wächst an Gewässern
- Heilpflanze gegen Schilddrüsenüberfunktion, Brustschmerzen und bei Wechseljahresbeschwerden
- das bitter schmeckende Kraut (in der Apotheke als Herba Lycopi) wird als Tee zubereitet

Knoblauchsrauke

- Blätter ähnlich der Brennnessel
- Blätter ohne Brennhaare
- Blüten klein, weiß, in lockerer Traube am Ende des Stängels
- essbares Wildkraut (S. 60)

SO KANNST DU SIE VERWENDEN!

Gut zu wissen: Beim Überbrühen mit heißem Wasser und auch beim Kochen geht die Brenzligkeit der Brennnessel komplett verloren. Auch beim Trocknen verliert sie sich weitestgehend, es bleibt nur ein feines Kribbeln.

Brennnessel-Tee

Pro Tasse Tee brauchst du ein bis zwei Teelöffel getrocknete oder oder fünf bis sechs Teelöffel frische, zerkleinerte Brennnesselblätter. Mit heißem Wasser übergießen, zehn Minuten ziehen lassen, dann abseihen.

Brennnesseln trocknen

Zum Trocknen einen Wäscheständer mit einem Tischtuch auslegen und Triebspitzen locker darauf ausbreiten (nicht in praller Sonne trocknen). Daran denken, die Blätter hin und wieder zu wenden. Wenn sie rascheltrocken sind, in Papiertütchen füllen und mit einer Wäscheklammer verschließen.
Wir nutzen getrocknete Brennnesselblätter als Tee, aber auch gern als Gewürz für Tomatensaucen.

Superfood

Brennnesselsamen schmecken angenehm nussig und können Salaten, Pestos, Smoothies und vielem mehr zugegeben werden. Ihr hoher Eiweißgehalt kombiniert mit Vitaminen und Mineralstoffen macht sie zum begehrten Superfood.
Wir mögen die Samen am liebsten, wenn sie noch grün und knackig sind. Zum Aufbewahren die Samen nach dem Sammeln noch einige Tage zum Trocknen auslegen.

BRENNNESSEL-SPINATBÄLLCHEN

So geht's

1. Die Brennnesselspitzen ins Sieb geben und mit Wasser abbrausen.
2. Grob zerhacken (evtl. mit Handschuhen) und in einen großen Kochtopf mit 250 ml Wasser geben. Einmal kurz aufkochen lassen.
3. Die Brennnesseln ins Sieb geben (das Kochwasser Wasser unbedingt auffangen und als Tee nutzen!)
4. Brennnesseln gut ausdrücken und dann zwischen beiden Händen daraus Kugeln rollen.
5. Die Kugeln nebeneinander in Gefrierbeutel oder Gefriergefäße geben und einfrieren.
6. Bei Bedarf portionsweise entnehmen und wie Spinat oder auch roh für Smoothies verwenden.

Das brauchst du

frische Brennnesselspitzen
Brettchen
Scharfes Messer
Kochtopf mit Wasser
Sieb
Gefäß oder Tüten zum Einfrieren

AUGENSCHMAUS VON DER WIESE

DAS GÄNSEBLÜMCHEN

Maßliebchen, Kindsblümle, Tausendschön – das Gänseblümchen hat viele alte Volksnamen und sie alle spiegeln unser liebevolles Verhältnis zu der kleinen Pflanze wider. Wo immer wir Menschen uns niederließen, da folgte uns das Gänseblümchen bald auf Wiesen und Rasen. Was nur wenige noch wissen: In dem hübschen „Kinder-Blümchen" stecken sehr gesunde und auch heilsame Wirkstoffe!

GÄNSEBLÜMCHEN

Bellis perennis

Schon kleine Kinder kennen es, denn das „Kindsblümle“ wächst da, wo sie gerne spielen: auf kurzen Rasen und Wiesen. Am besten kann es sich entfalten, wo Gräser regelmäßig kurzgehalten werden.

SO SIEHT ES AUS!

Blätter wie Spatel

Die ovalen Blätter gehen in einen breiten, am Rand geflügelten Blattstiel über, der mindestens so lang ist wie das Blatt selbst. Dadurch sind Gänseblümchenblätter typisch spatelförmig. Ein Blatt ist meist 2–4 cm lang und 0,5–2 cm breit. Du kannst sie wie Feldsalat verwenden.

Tut, als wär sie eine einzige Blüte

Jede Blüte steht für sich allein am Ende eines meist 5–10 cm langen, biegsamen und blattlosen Blütenstängels. Was uns aber eine Einzelblüte vorgaukelt, ist in Wahrheit ein Täuschungsmanöver. Das gelbe Blütenzentrum entpuppt sich unter der Lupe als Zusammenschluss aus über 100 vollständigen, röhrenförmigen Einzelblüten, umgeben von zwei Kränzen schneeweißer oder rosa überhauchter Strahlenblüten. Dadurch wird das Gänseblümchen von bestäubenden Insekten viel besser wahrgenommen – und es bietet zugleich eine größere, attraktive Landeplattform.
Bei Regen und Dunkelheit schließen sich die weißen Strahlenblüten wie ein schützendes Dach über den gelben Röhrenblüten und sorgen so dafür, dass der kostbare Blütenstaub nicht fortgeschwemmt werden kann. Im Tagesverlauf folgen die Blütenköpfchen dem Lauf der Sonne.

Eine Blüte besteht in Wirklichkeit aus über 100 winzigen Blütchen.

Mag Gänse und Rasenmäher

Was immer hohe Gräser und Kräuter fernhält und seinen eigenen Blättern genügend Sonnenlicht verschafft, ist dem Gänseblümchen willkommen. Seine flachen Blattrosetten entkommen den Mähwerken und gefräßigen Gänseschnäbeln. Die abgemähten Blüten wachsen das ganze Jahr über fleißig nach.

Die Blätter liegen als Blattrosette eng am Boden an.

SO FINDEST DU ES!

Wann?
Gänseblümchenblätter sind den ganzen Winter über grün. In milden Wintern findest du sogar Blüten dazwischen. Die beste Sammelzeit ist aber von März bis Oktober, wenn die Sonne dem Gänseblümchen mehr Kraft verleiht.

Wo Gräser nur gelegentlich gemäht werden, entwickeln sich bezaubernde Gänseblümchen-Wiesen.

Wo?
Auf Wiesen, Weiden und Rasen, an Wegrändern, in Parks und Gärten. Bitte achte auf möglichst unbelastete Standorte!

Wie?
Blüten und Blätter lassen sich leicht mit den Fingern abknipsen. Wähle nur die jüngeren Blätter aus der Mitte der Rosette und pflücke nie alle Blüten von einem Pflänzchen.

Beste Freunde
Löwenzahn, Weiß-Klee, Gräser, Kleine Braunelle

VORSICHT VERWECHSLUNG!

Gefülltes Tausendschönchen

In Gartencentern und Blumenläden gibt es schon früh im Jahr die frostunempfindlichen Tausendschönchen zu kaufen. Dabei handelt es sich um gezüchtete, gefüllte Sorten des Gänseblümchens. „Gefüllt“ bedeutet, dass sie viel mehr Strahlenblüten besitzen und weniger gelbe Röhrenblütchen im Inneren. Solche gefüllten Blumen bieten hungrigen Insekten früh im Jahr leider nur noch wenig bis gar keine Nahrung. Theoretisch sind auch diese gefüllten Sorten essbar, doch da sie in der Regel künstlich gedüngt wurden und du auch sonst über ihre Herkunft nichts weißt, würden wir vom Verzehr eher abraten.

Zuchtform des wilden Gänseblümchens

DAS IST DRIN!

Gänseblümchen enthalten einen gesunden Mix aus Wirkstoffen, die den gesamten Stoffwechsel anregen. Dazu zählen besonders verdauungsfördernde Bitterstoffe, und immunstärkende Flavonoide, aber auch Saponine, Schleimstoffe, Gerbstoffe und organische Säuren wie Äpfel- und Essigsäure.

SO KANNST DU ES VERWENDEN!

Man sagt „das Auge isst mit", denn wir kosten gern, was besonders und attraktiv aussieht. Gänseblümchen sind nicht nur sehr gesund, sie verzaubern im Handumdrehen selbst einfache Gerichte wie Butterbrote und grüne Salate in einen besonderen Augenschmaus.

Gänseblümchen-Tee

In der Volksheilkunde gilt ein Tee aus Gänseblümchen als überaus bewährte Naturarznei, auch für Kinder. Bei Husten und Bronchitis hilft er, festsitzenden Schleim zu lösen, sodass er besser abgehustet werden kann. Außerdem soll dieser Tee helfen, Entzündungen zu bekämpfen und Fieber zu senken.
Äußerlich nutzt man ihn seit alters her, um damit juckende, trockene Ekzeme und eitrige Hauterkrankungen zu behandeln. Dazu tränkt man Baumwolltücher mit dem Tee und drückt sie vorsichtig über der erkrankten Hautpartie aus oder legt sie als beruhigende, entzündungshemmende Auflage darauf.
Für eine Tasse einen Teelöffel getrocknete (oder zwei Teelöffel frische) Blüten und Blätter mit 250 ml heißem Wasser übergießen, zehn Minuten zugedeckt ziehen lassen, dann abseihen.

Gänseblümchenöl

Eine Handvoll angetrocknete Gänseblümchen in 200 ml warmes Olivenöl rühren und zwei bis drei Wochen an einem schattigen, aber gut temperierten Plätzchen ausziehen lassen, gelegentlich umschwenken. Die Blüten abseihen und das Öl in einer dunklen Flasche aufbewahren. Das Öl ist zur Hautpflege und auch als bekömmliches Salatöl zu verwenden.

GÄNSEBLÜMCHEN-BROTE

Gänseblümchen sind perfekt geeignet, um Speisen auf die Schnelle aufzupimpen, denn sie sind überall häufig. Zusammen mit dem ersten Frühlingsgrün von Giersch, Löwenzahn, Knoblauchsrauke, Sauerampfer oder Bitterem Schaumkraut verwandeln sie Brote und Salate in echte Immunbooster.

So geht's

1. Die gepflückten Blüten und Blätter kurz unter fließendem Wasser abbrausen, Reste von Blütenstängeln abzupfen und dann auf einem Küchentuch abtrocknen lassen.
2. Die Blätter können gegessen werden wie Feldsalat, sie schmecken aber intensiver und sollten nur in kleinen Mengen beigegeben werden. Nicht jeder mag ganze Blüten essen, deshalb zerkleinern wir die meisten Blüten, bevor wir sie ins Essen tun. Aber einige Blüten solltest du immer als Dekoration beiseitelegen.

Mutprobe unter Freundinnen:
Wer traut sich zuerst, Gänseblümchen zu essen?

WILDGEMÜSE DER KLOSTERGÄRTEN

DER GIERSCH

Die Mönche wussten, was sie taten, als sie den Giersch in mittelalterlichen Klostergärten kultivierten. Die wuchsfreudigen Blätter liefern bereits ab März ein köstliches, vitamin- und mineralienreiches Wildgemüse und wachsen, kaum geerntet, verlässlich bis in den Herbst wieder nach. Ihr Geschmack erinnert an eine Mischung aus Petersilie und Sellerie mit einem Hauch von Möhre.

GIERSCH

Aegopodium podagraria

Während der Blütezeit kann der Giersch leicht mit tödlich giftigen Doppelgängern verwechselt werden, deshalb ist es wichtig, seine Blätter wirklich sicher zu kennen.

SO SIEHT ER AUS!

Dreiblatt

Der Giersch hat typische dreizählige Blätter. Jedes Blatt teilt sich am Ende des Blattstängels in drei Abschnitte und jeder dieser Abschnitte ist wiederum in drei Blättchen unterteilt, wobei die beiden unteren Abschnitte auch nur aus zwei Teilen bestehen können. Die Blättchen sind oval und am Ende zugespitzt, ihr Rand ist zackig gesägt.

Junge Blätter Mitte April

Am Anfang zerknittert

Gierschblätter kommen kunstvoll zusammengefaltet aus der Erde, erst am Tageslicht entfaltet sich das hellgrüne Päckchen. Besonders zarte, junge Gierschblätter erkennst du deshalb am Knitterlook – und daran, dass sie noch fein glänzen. Typisch für den Giersch: er taucht selten allein auf. Seine unterirdischen Ausläufer lassen bald rings herum viele weitere Blättchen sprießen und jedes dieser neuen Gierschpflänzchen schickt wiederum eigene Wurzelausläufer in die Umgebung.

Immer dreikantig!

Wenn du den Blattstiel des Gierschs zwischen zwei Fingern hin- und herrollst, dann kannst du ganz deutlich seine drei Kanten spüren. Im Querschnitt erkennt man die Dreikantigkeit auch sehr deutlich. Das ist ein sehr eindeutiges Erkennungsmerkmal für Gierschblätter!

Die Dreizähligkeit ist auch im Strängel-Querschnitt zu finden.

SO FINDEST DU IHN!

Wann?
Von März bis Mai. Die ersten, zarten Blättchen, im März gepflückt, sind ein feines Gewürz mit Petersilien-Aroma, im April reicht es dann schon für eine Salatbeigabe und im Mai kommt soviel an Blattmasse zusammen, dass es für einen würzigen Frühlings-Spinat reicht. Ab Juni zur Blütezeit schmecken die Blätter strenger und werden zäh.

Grüne Teppiche im April: Über unterirdische Ausläufer breitet Giersch sich rasch aus.

Wo?
Feuchte Gebüsche, Wiesen, Waldränder und Flussufer. Breitet sich gern in halbschattigen Gärten, Parks und auf Friedhöfen aus.

Wie?
Die Blättchen lassen sich einfach mit zwei Fingern abknipsen.

Beste Freunde
Brennnessel, Knoblauchsrauke, Löwenzahn, Spitz-Wegerich, Gräser

Erstes Frühlingsgrün Anfang März

VORSICHT VERWECHSLUNG!

Gefleckter Schierling
- Stängel kahl, rund, meist gefleckt oder rot überlaufen
- bis 2 m hoch
- Blätter fein, mehrfach gefiedert
- riecht widerwärtig nach Mäuse-Urin
- tödlich giftige Pflanze!

Hundspetersilie
- bis 1 m hoch
- Stängel rund, leicht kantig
- Blätter fein gefiedert
- Blätter riechen zerrieben unangenehm
- schmeckt scharf und brennend
- tödlich giftige Pflanze!

Wald-Engelwurz
- bis 2 m hoch
  runder, sehr dicker, hohler Stängel
- Blätter 2–3 fach gefiedert
- Blätter groß, bis 90 cm lang
- essbar wie der Giersch
- alte Heilpflanze für Magen und Darm

Gewürz-Kälberkropf
- bis 2 m hoch
- Stängel borstig behaart
- Blätter 2–3 fach gefiedert
- Blättchen 4–10 cm lang, meist behaart
- riecht zerrieben nach Möhre
- ist ebenso essbar wie Giersch, aber strenger im Geschmack

SO KANNST DU IHN VERWENDEN!

Giersch bringt besonders früh im Jahr viele verschiedene Mineralstoffe auf den Tisch, darunter Kalium, Kalzium, Magnesium und Eisen. In Klostergärten bauten Mönche ihn deshalb früher gezielt als Spinatpflanze an.

An ungewohnte Geschmäcker herantasten

Solange du noch nicht so sehr an die Geschmäcker und Inhaltsstoffe von Wildpflanzen gewöhnt bist, raten wir dir, sie nur in kleinen Mengen und als Ergänzung zu deinen Gerichten zu verwenden. „Ein Handstrauß voll“ ist eine ganz gute Orientierung, wieviel es sein darf. Unter mildere Sorten gemischt schmeckt er einfach großartig. Wir sind daran gewöhnt, dass intensive Inhaltsstoffe wie die gesunden Bitterstoffe heute weitestgehend aus unseren Salaten und Gemüsen herausgezüchtet wurden. Da braucht unser Körper erst einmal Zeit, sich wieder an die unverfälschten Wildgeschmäcker zu gewöhnen und damit klarzukommen.

Giersch einsalzen

Hast du mehr gesammelt, als du frisch verwenden kannst? Das ist kein Problem, denn Giersch lässt sich durch einsalzen hervorragend haltbar machen und du kannst ihn so nach und nach zum Würzen deiner Gerichte benutzen. Wir nutzen dieses Kräuterkonzentrat zum Beispiel gern, um unsere Spaghetti damit zu würzen. Giersch waschen und einige Stunden anwelken lassen. Ganz fein zerkleinern und abwechselnd mit Salz in ein fest verschließbares Glas schichten. Zum Schluss alles mit Olivenöl übergießen, sodass alles gut durchtränkt ist. Hält im Kühlschrank ca. vier Wochen.

GIERSCH-EISWÜRFEL

So geht's

1. Wildkräuter so fein zerkleinern wie du es magst.
2. Die Kammern des Eiswürfelgefäßes bis etwas über die Hälfte mit den Kräutern befüllen.
3. Einen Spritzer Zitronensaft ins Wasser geben.
4. Das Wasser über die Kräuter im Eiswürfelgefäß gießen und für einige Stunden in den Gefrierschrank stellen.
5. Die gefrorenen Kräutereiswürfel in Gefrierbeutel umfüllen.

Kräuter in Eiswürfelform sind sehr praktisch zu handhaben, denn so kannst du sie ganz leicht portionsweise entnehmen

Das brauchst du

Eiswürfelgefäß
Giersch
nach Geschmack weitere Wildkräuter wie Knoblauchsrauke, Bärlauch oder Gänseblümchen
Zitronensaft
Kanne mit Wasser

TIPP *Achte darauf, die Kräutereiswürfel wirklich sofort in Gefrierbeutel umzufüllen und wieder einzufrieren. Wenn sie erst antauen, dann frieren sie später im Gefrierbeutel zu einem Klumpen zusammen und lassen sich nicht mehr einzeln entnehmen.*

DAS UR-WÜRZKRAUT

DIE KNOBLAUCHSRAUKE

Schon die europäischen Steinzeitmenschen nutzten vor rund 6000 Jahren dieses bekömmliche Waldkraut. Es bietet auch wirklich eine Menge: einen Hauch von Knoblauch, verdauungsfördernde Senföle und eine Prise Pfeffer in ein- und derselben Pflanze! In Waldnähe ist sie sehr häufig und kann hier von Frühjahr bis zum Herbst gesammelt werden.

KNOBLAUCHSRAUKE

Alliaria petiolata

Mit ihren scharf gezackten Blättern kann man sie auf den ersten Blick mit Brennnesseln verwechseln. Doch ihre weißen Blüten und der knoblauchartige Duft ihrer Blätter machen sie wirklich unverwechselbar. Fast alles an ihr ist essbar: Blätter, Blüten, junge, grüne Schoten, reife Samen und auch die Wurzel. Nur der Stängel ist zu zäh.

SO SIEHT SIE AUS!

Blatt im Frühjahr

Ab März erscheinen schon die ersten Blattrosetten der Knoblauchsrauke. Viele erkennen sie aber nicht, denn diese Blätter sind ganz anders geformt als die später am Stängel wachsenden Blätter: Sie sind rundlich und ihnen fehlt die Spitze am Ende des Blattes. Aber der eingebuchtete Rand ist schon ganz gut zu erkennen.

Stängelblatt im Sommer

Mit dem Stängel erscheinen ab Mitte April auch die Blätter, wie man sie kennt: dreieckig bis herzförmig mit ausgezogener Blattspitze und wellig eingebuchteten Rändern. Typisch für Knoblauchsraukenblätter ist ihr Duft: zerrieben erinnern sie an eine Mischung aus Knoblauch und Senf und genauso schmecken sie auch. „Echter" Knoblauch (also der Wirkstoff Allicin) ist dabei allerdings nicht im Spiel, sondern scharf schmeckende Senföle, die entfernt an Knoblauch erinnern und ebenso gesund sind!

Stängelblatt mit ausgezogener Spitze

Wurzeln wie Meerrettich

Nur wenige wissen, welch unterirdischen Schatz die Knoblauchsrauke verbirgt, dabei zählt er mit zum Besten, was diese Pflanze zu bieten hat. Eine kräftige Pfahlwurzel, die im Geschmack sehr an Meerrettich erinnert, aber ohne seine bissige Schärfe. Du solltest die Wurzeln aber nur im Frühjahr nutzen, denn sobald der Stängel sich daraus hochschiebt und die Pflanze zu blühen beginnt, werden sie holzig und ungenießbar.

Typisch: die weiße Pfahlwurzel

SO FINDEST DU SIE!

Wann?
Im März und April gibt es die ersten frischgrünen Blätter und die Wurzeln. Ab April kannst du auch die scharf schmeckenden Blüten nutzen und schon bald die ersten grünen Schoten. Wenn im Sommer die Schoten braun und trocken werden, sind die Samen reif.

Wo?
An nährstoffreichen, halbschattigen und eher feuchten Standorten, in Wäldern und an Waldrändern. Sie wächst aber auch in Gärten, an Wegen und Böschungen.

Wie?
Blätter und Blüten der Knoblauchsrauke lassen sich einfach mit den Fingern abknipsen. Zum Ausgraben der Wurzeln brauchst du eine kleine Schaufel und die Samen lassen sich aus den reifen Schoten herausschütteln.

Beste Freunde
Brennnessel, Hasel, Löwenzahn, Holunder, Gundermann, Ampfer, Gräser

VORSICHT VERWECHSLUNG!

Gundermann, Gundelrebe

- junge Frühlingsblätter ähneln denen der Knoblauchsrauke
- wintergrüne Blätter
- lila Blüten
- schmeckt harzig und sehr aromatisch
- keine Pfahlwurzel
- Blätter und Blüten als Gewürz und Wildgemüse zu verwenden
- alte Arzneipflanze

Gundermann hat ein feines Wurzelgeflecht und bildet lange Ausläufer, die Blattstiele junger Blätter sind grün.

Die Knoblauchsrauke hat eine dickliche, weiße Pfahlwurzel und bildet keine Ausläufer, die Stiele junger Blätter sind purpurrot.

Knoblauchsrauke (links) und Gundermann (rechts). Im direkten Vergleich fallen die unterschiedlichen Blattstiele auf, das Blatt der Knoblauchsrauke ist auch tiefer gerunzelt.

SO KANNST DU SIE VERWENDEN!

Der wichtigste Wirkstoff in der Knoblauchsrauke ist das Senföl. Es schmeckt leicht senfartig-scharf und funktioniert wie ein richtiger Durchputzer, denn es vertreibt schädliche Pilze und Bakterien aus dem Darm. Zusätzlich regt es die Ausscheidung von Schlackestoffen über die Nieren an.

Achtsam sammeln & frisch verwenden

Wichtig bei Blättern und Blüten der Knoblauchsrauke ist, dass du sie richtig sammelst und verwendest. Transportiere sie möglichst luftig (im Korb oder als Sträußchen) nach Hause, denn beim Quetschen gehen die leicht flüchtigen Senföle verloren. Ebenso bei längerem Erhitzen, weshalb du Knoblauchsrauke am besten roh im Salat oder Quark essen solltest – oder du streust sie erst ganz zum Schluss über die Suppe oder den Auflauf.

Passt gut zu anderen Stoffwechsel anregenden Frühlingskräutern wie Löwenzahn, Bitteres Schaumkraut und Gundermann.

Samen sammeln

Noch während die Knoblauchsrauke blüht, reifen auch schon die grünen, bohnenförmigen Schoten heran. Darin wachsen die kleinen Samen. Reif sind sie aber erst, wenn die Pflanze schon trocken und braun ist. Dann platzen die 3–7 cm langen Schoten nach und nach auf und lassen die braunen Samenkörnchen frei. Zum Ernten den ganzen Stängel abschneiden, kopfüber in einen Eimer stülpen und kräftig schütteln.

Wilder Waldpfeffer

Die Samen solltest du vorsichtshalber noch für ein paar Tage zum nachtrocknen auslegen. Dann kannst du sie in einem Glas aufbewahren und wie Pfeffer benutzen: entweder als ganzes Korn oder du zerreibt sie in einem Mörser oder in einer Pfeffermühle. Die Samen schmecken scharf und senfartig.

KNOBLAUCHSRAUKEN-SUPPE

So geht's

1. Die Blätter von Löwenzahn und Knoblauchsrauke von den Wurzeln zupfen.
2. Die Wurzeln unter Wasser mit einer Bürste vom Sand befreien. Alle Kräuter kurz unter fließendem Wasser waschen.
3. Den Lauch in schmale Scheiben schneiden und gründlich waschen. Möhren schaben und Sellerie schälen.
4. Die Wurzeln von Löwenzahn und Knoblauchsrauke, die Zwiebeln und den Sellerie in kleine Stückchen schneiden.
5. Öl im Topf erhitzen, Zwiebeln, Wurzel- und Gemüsestücken hineingeben und einige Minuten anbraten, bis sie etwas angeröstet sind und gut duften.
6. Heißes Wasser, Gemüsebrühe und Lauch dazugeben. Zehn Minuten köcheln lassen.
7. Zum Schluss die fein gehackten, frischen Kräuter dazugeben und mit Salz und Pfeffer abschmecken.
8. Die fertige Suppe mit den Kräutern noch einige Minuten durchziehen lassen, sie darf aber nicht mehr kochen, damit die wertvollen Inhaltsstoffe deiner Kräuter nicht verloren gehen!

Das brauchst du

3 Knoblauchsraukenwurzeln mit Blättern
1 Löwenzahnwurzel mit Blättern
1 Handvoll Giersch
1 Handvoll Brennnesseln
1 Handvoll Gänseblümchen
1 große Gemüsezwiebel
2 Möhren
1 Scheibe Sellerie
1 Stange Lauch
3 Esslöffel Sonnenblumenöl
Instant-Gemüsebrühe für 2 l Wasser
2 l heißes Wasser
1 Teelöffel Salz
etwas Pfeffer

BITTER MACHT GESUND

DER LÖWENZAHN

Von Kopf bis Fuß ist er die reinste Schatzkammer an guten Wirkstoffen. Besonders im Frühjahr solltest du unbedingt seine jungen Blätter, Blüten und auch die bittere Wurzel kosten. Seine eher süßlichen Blüten ergeben einen goldgelben, honigartigen Sirup, die Blätter sind perfekt für einen kräftigen Salat und aus der Wurzel kannst du dir einen feinen, koffeinfreien Kaffee rösten.

LÖWENZAHN

Taraxacum officinale

Er wird öfter mit anderen Pflanzen verwechselt, als man denkt! Unverwechselbar ist sein dicker, hohler Blütenstängel. Wenn man ihn pflückt, tritt weißer Milchsaft aus und färbt die Finger braun.

SO SIEHT ER AUS!

Mit und ohne Zähne

Jedes Kind kennt die Blätter des Löwenzahns – oder doch nicht? Mancher Löwenzahn sieht nämlich gar nicht aus wie Löwenzahn. Je nachdem, wo er wächst können seine Blätter ganz unterschiedlich aussehen. Manche sind nur wenige Zentimeter lang mit ganz scharfen Zähnchen am Rand, andere können die Länge eines Unterarmes und so gut wie keine Zähne haben. Entscheidend für die Ausprägung der Blätter ist das Angebot an Nährstoffen und an Sonnenlicht: Schattenblätter werden in der Regel viel größer und „labberiger".

Alles Löwenzahn-Blätter!

Da fließt Milch raus

Unverwechselbar: Wenn du einen Blütenstängel pflückst, tritt ein weißer, milchartiger Saft aus dem hohlen Stängel aus. Gerät er auf die Haut, hinterlässt er braune Flecken, die erst nach einigen Tagen wieder verschwinden. Früher sagte man uns, dieser Milchsaft sei giftig, das stimmt aber nicht. Der hohle Stängel und der Milchsaft sind das sicherste Zeichen, dass es sich wirklich um einen echten Löwenzahn handelt!

Hohler Stängel mit weißem Milchsaft

Hier sitzen die guten Bitterstoffe

Der wahre Schatz des Löwenzahns verbirgt sich unter der Erde. Die meisten der begehrten Bitterstoffe konzentrieren sich in seiner Wurzel. Bei jungen Pflanzen ist sie einfach und kegelförmig, bei mehrjährigen Pflanzen ist sie stärker verästelt. Sie kann 2 cm dick und über 40 cm lang werden. Außen sind die Wurzeln gelblich-braun und innen weißlich.

Mit kräftiger, festsitzender Pfahlwurzel

SO FINDEST DU IHN!

Wann?
Die Blätter sind am besten von März bis Mai, Löwenzahnblüten findest du im April und Mai, mancherorts auch noch im Juni. Die Wurzeln sticht man im März/April oder erst wieder im September/Oktober, wenn alle Kräfte sich wieder in den Wurzeln sammeln und nicht zur Versorgung von Blättern und Blüten gebraucht werden.

Wo?
Nährstoffreiche Wiesen, Wegränder und Weiden, Rasen in Gärten und Parks. Achte darauf, dass die Wiesen und Weiden nicht gespritzt sind und dass du nicht an Wegrändern und auf Rasen sammelst, wo Hunde ausgeführt werden.

Nur wenige Wochen später ist die Wiese voller Pusteblumen.

Wie?
Blüten und Blätter kannst du mit den Fingern abzupfen, zum Graben der festsitzenden Wurzel brauchst du eine kleine Schaufel oder Grabforke.

Beste Freunde
Gräser, Spitz-Wegerich, Gänseblümchen, Klee, Ampfer, Wiesen-Margerite

VORSICHT VERWECHSLUNG!

Wiesen-Pippau

- ähnlich gezähnte, aber deutlich behaarte Blätter
- blüht von Mai bis Juni
- ähnliche Blüten
- wächst bis über einen Meter hoch
- Blütenstängel verzweigt und mit Blättern
- Stängel nicht hohl mit Milchsaft
- essbar

Wegwarte

- gezähnte Blätter
- Unterseite der Blätter borstig behaart
- Stängel kantig, stark verästelt
- Blüten himmelblau
- wird bis 150 cm hoch
- blüht von Juli bis Oktober
- essbar
- enthält gesunde Bitterstoffe

Zum Verwechseln ähnlich: die Blattrosette der Wegwarte

TIPP *„Blümchen-Kaffee" oder „Zichorien-Kaffee" heißt ein koffeinfreier Ersatzkaffee, der aus den Wurzeln der Wegwarte geröstet wird.*

SO KANNST DU IHN VERWENDEN!

Ob Blüten, Blätter oder Wurzel: Alle Teile des Löwenzahns enthalten außerordentlich gesunde Bitterstoffe und Mineralien. Sie regen die Tätigkeit von Galle, Leber, Bauchspeicheldrüse, Nieren und Blase an.

Löwenzahn-Sirup

Zwei Bio-Zitronen und zwei Bio-Orangen in Scheiben schneiden, zusammen mit drei bis vier Handvoll Löwenzahnblüten in einen Kochtopf geben und 1 l Wasser darübergießen. Eine Stunde köcheln lassen, dann die Flamme ausstellen und über Nacht durchziehen lassen. Am nächsten Tag die Flüssigkeit in einen sauberen Topf sieben, 1 kg Zucker dazugeben und noch zwei Stunden lang köcheln lassen bis sie sirupartig und dicklich ist. Noch heiß in saubere, fest verschließbare Gläser abfüllen. Schmeckt lecker auf Eis, auf Brot und als Süßungsmittel in Limonaden und Kuchen.

Im März und April gepflückt sind die Blätter ganz vorzüglich!

Für den Salat

Junge Löwenzahnblätter sind eine vorzügliche Beigabe zu milderen Salaten, ihre leichte Bitterkeit erinnert etwas an Chicoree. Am besten die Blätter nach dem Waschen klein schneiden und unter andere Salate mischen. Eine Handvoll Löwenzahnblätter reichen vollkommen für einen Salat. Die gelben Zungenblüten sind ausgezupft eine hübsche und essbare Dekoration.

LÖWENZAHNWURZEL-KAFFEE

So geht's

1. Die Erde grob von den Wurzeln bürsten, dann gründlich unter Wasser waschen.
2. Die Wurzeln in dünne Scheiben schneiden und ohne Zugabe von Fett oder Öl in die Pfanne geben.
3. Auf Stufe 4–5 für 15 bis 20 Minuten langsam rösten. Solange noch Wasserdampf aufsteigt, sind die Wurzelstückchen noch am trocknen, der eigentliche Röstvorgang dauert nur wenige Minuten und muss gut überwacht werden. Sind die Wurzelstückchen bräunlich angeröstet und steigt ein kaffeeähnlicher Duft auf, sind sie fertig.
4. Fertig geröstete Wurzelstückchen sind porös und brüchig. Nach dem Abkühlen in ein fest verschließbares Glas geben.
5. Für den Wurzelkaffee zwei Teelöffel geröstete Wurzeln in einen Mörser oder in eine Kaffeemühle geben und fein mahlen. Mit sprudelnd heißem Wasser übergießen und zwei bis drei Minuten ziehen lassen, dann den fertigen Kaffee durch ein Sieb in die Tasse gießen. Schmeckt lecker mit Milch oder Hafermilch.

Das brauchst du

10–20 Wurzeln vom Löwenzahn
(die Blätter nicht wegwerfen, sondern aufessen!)

Bratpfanne

Mörser oder Kaffeemühle

TIPP *Du kannst auch deinen Bohnenkaffee aufpimpen, indem du etwas Löwenzahn-Kaffee dazu gibst!*

GEWÜRZNELKE DES NORDENS

DIE NELKENWURZ

In ihrer Wurzel verbirgt sich das Ur-Nelkengewürz der Nordeuropäer! Der Inhaltsstoff ist derselbe wie bei den importierten Gewürznelken – das aromatisch duftende und schmeckende Eugenol. Unsere Vorfahren kannten die Nelkenwurz und auch ihre Verwendung noch sehr genau und wir finden, es lohnt unbedingt, dieses eher unscheinbare und doch so besondere Wald-Gewürz wieder neu zu entdecken.

NELKENWURZ

Geum urbanum

Sie ist eines der Wildkräuter, die häufig übersehen werden, obwohl die Nelkenwurz überaus häufig vorkommt, in Wäldern wie auch in Siedlungen.

SO SIEHT SIE AUS!

Immer mit Nebenblättern

Die Stängelblätter der Nelkenwurz sitzen auf kurzen Stielen und sind deutlich in drei Lappen unterteilt, am Rand sind sie grob gesägt. Zwei kleinere Nebenblätter am Grund des Blattstiels sind ein sehr typisches Merkmal der Nelkenwurz. Auch sie haben grob gesägte Blattränder und sitzen dicht am Stängel. Die Blätter sind den ganzen Winter über grün. Die Grundblätter sind rundlicher geformt als die Stängelblätter.

Erst sind die Früchte grün, später rot.

Kleine Igel

Schon während der Blütezeit reifen die igelartigen Früchte der Nelkenwurz. So findest du schon im Sommer Blüten und Früchte auf ein- und derselben Pflanze nebeneinander. Jeder „Stachel" endet übrigens mit kleinen Widerhaken – sie kletten sich im Fell vorbeistreifender Tiere fest, die so die Samen weitertransportieren.

Rübenartige Wurzel

Die nach Nelkengewürz duftende Wurzel hat der „Nelken-Wurz" ihren Namen gegeben. Sie ist 3–7 cm lang und fingerdick, aus ihr entspringen zahlreiche feine Seitenwurzeln. Erst beim Trocknen entfaltet sich der volle Duft.
Der Nelkenduft stammt vom heilkräftigen ätherischen Öl Eugenol. Es kommt aber eben nicht nur in der Gewürznelke vor, sondern auch in der Nelkenwurz und noch in weiteren Gewürzpflanzen wie Lorbeer und Zimt. Eugenol schmeckt nicht nur angenehm würzig, es wirkt im Verdauungssystem auch entzündungshemmend und reinigend.

In der Wurzel sitzt das „Nelkengewürz".

SO FINDEST DU SIE!

Wann?
Die Nelkenwurz ist das ganze Jahr über grün. Die beste Zeit, Wurzeln zu sammeln ist im Frühjahr und Herbst. Bist du dir noch nicht so sicher im Erkennen, dann warte lieber, bis auch Blüten und Früchte an der Pflanze sind! Die Blütezeit ist von Mai bis Oktober.

Wo?
Die Nelkenwurz bevorzugt nährstoffreiche, schattige Standorte. So ist sie häufig in Wäldern, an Waldrändern und -wegen zu finden, aber auch in schattigen Naturgärten, an Zäunen und Mauern.

Wie?
Die Wurzeln lassen sich aus weichen Waldböden recht einfach mit dem Pflanzenstängel herausziehen. Bitte sammle nur soviel wie du auch wirklich verwenden kannst!

Beste Freunde
Knoblauchsrauke, Hahnenfuß, Springkraut, Buschwindröschen

Unscheinbare, kleine Blüten und Früchte

VORSICHT VERWECHSLUNG!

Hahnenfuß ☠

Verschiedene Hahnenfußgewächse können mit der Nelkenwurz verwechselt werden. Auch der Hahnenfuß hat dreigeteilte Blätter, aber keine Nebenblätter wie die Nelkenwurz. Schau von oben auf die Blüte: beim Hahnenfuß siehst du keine grünen Kelchblätter zwischen den gelben Blütenblättern. Die Wurzeln des Hahnenfuß sind nicht rübenartig und duften nicht nach Gewürznelke.

Giftiger Doppelgänger: der Scharfe Hahnenfuß mit auffallenden, fettig glänzenden Blüten

Nelkenwurz (links) und Goldhahnenfuß (rechts) im Vergleich

SO KANNST DU SIE VERWENDEN!

Die süßlich-würzigen Wurzeln der Nelkenwurz sind das perfekte Gewürz für Lebkuchen, Punsch, Glühwein, Chutneys, Saucen und alle schwer verdaulichen Speisen. Hildegard von Bingen empfahl einen Nelkenwurz-Wein zur Stärkung von Herz und Kreislauf.

Nelkenwurz-Punsch

Zwei Hände voll Früchte (z. B. Schlehen, Hagebutten oder Holunder), eine Wurzel der Nelkenwurz (oder zwei bis drei Teelöffel der getrockneten Wurzel) und eine Prise Zimt in einen Kochtopf geben und mit drei Tassen kaltem Wasser bedecken. 20–30 Minuten ganz leicht köcheln lassen. Zwei Tassen Apfelsaft oder zwei Tassen Weißwein dazugeben, je nachdem, ob du deinen Früchtepunsch mit oder ohne Alkohol haben möchtest. Nochmal erwärmen, aber nicht mehr köcheln lassen. Wenn du den Punsch süßer magst, noch etwas Honig oder Zucker dazugeben. Durch ein Sieb gießen und möglichst heiß trinken.

Nelkenwurz-Wein

Dieser Wein geht zurück auf ein Rezept von Hildegard von Bingen, er soll Herz und Kreislauf stärken und wird nur likörgläschenweise genossen.
Zwei bis drei Wurzeln der Nelkenwurz im Kochtopf mit einer Flasche Weißwein erwärmen. Den Ansatz in eine verschließbare Weithalsflasche geben und noch eine bis zwei Wochen durchziehen lassen. Den fertigen Nelkenwurz-Wein abseihen, in eine saubere, verschließbare Flasche geben und etikettieren. Der Wein sollte im Kühlschrank aufbewahrt und innerhalb von zwei Wochen verbraucht werden.

NELKENWURZ-WÜRZPULVER

Das brauchst du

Wurzeln der Nelkenwurz
Gemüsebürste
Platz zum Trocknen (oder Backofen)
Messer, Brettchen
Mörser oder Kaffeemühle
verschließbares Glas, Etikett und Stift

So geht's

1. Die Wurzeln mit einer Gemüsebürste gründlich von anhaftender Erde befreien, dann noch unter fließendem Wasser abbürsten.
2. Den dicken Teil der Wurzel in ganz schmale Scheiben und die dünnen Seitenwurzeln in kleine Stückchen schneiden.
3. Die Wurzelstückchen zum Trocknen für mindestens eine Woche an einem warmen, nicht sonnigen Platz auf einer möglichst luftdurchlässigen Unterlage (Küchentuch) ausbreiten. Wurzeln trocknen deutlich langsamer als Kräuter. Alternativ: Die Wurzelstückchen auf einem Backblech ausbreiten und im Backofen bei 40 °C trocknen. Einen Kochlöffel in die Ofentür klemmen, damit die Feuchtigkeit entweichen kann.
4. Richtig durchgetrocknet sind die Wurzeln, wenn sie sich porös anfühlen und ganz leicht zerbrechen lassen.
5. Die gut durchgetrockneten Wurzelstückchen portionsweise im Mörser oder der Kaffeemühle vermahlen.
6. Das fertige Wurzelpulver in ein sauberes, fest verschließbares Glas geben. Etikettieren und Beschriften nicht vergessen.

Das Pulver ist ca. ein Jahr haltbar und bringt Aroma in Getränke und Speisen. Einfach eine Prise einstreuen und unterrühren.

WIESEN-GLÜCK

DER ROT-KLEE

Seine Blätter sind eine schmackhafte und gesunde Ergänzung in der Wildgemüse-Küche, denn neben viel pflanzlichem Eiweiß enthalten sie auch reichlich Vitamine und Mineralstoffe wie Magnesium und Calcium. Ganz besondere Wirkstoffe fanden Wissenschaftler in den roten Blüten. In ihnen stecken Pflanzenhormone, die auch den menschlichen Hormonhaushalt positiv beeinflussen können.

ROT-KLEE

Trifolium pratense

Der Rot-Klee wächst häufig auf fetten, grünen Wiesen und wird deshalb auch häufig einfach „Wiesen-Klee" genannt. Achte beim Sammeln auf den Standort: Klee wächst oft auf stark gedüngten Wiesen und Weiden.

SO SIEHT ER AUS!

Dreiblatt

Der Rot-Klee hat ein für Klee typisches dreigeteiltes Blatt. Die drei Einzelblättchen („Finger") sind oval und zur Spitze hin oft länglich ausgezogen. Ältere Blätter tragen einen weißen Fleck, dieser kann aber auch fehlen. Jedes Blatt sitzt auf einem dünnen und biegsamen, 2–9 cm langen Blattstiel.

Schmetterlingsblüten

Das Blütenköpfchen des Rot-Klees ist aus sehr vielen einzelnen Blüten zusammengesetzt. Jedes davon erinnert an einen kleinen Schmetterling, daher kommt auch der Familienname „Schmetterlingsblütler". Ein größeres Blütenblatt zeigt nach oben und zwei miteinander verwachsene Blütenblätter nach unten: darin liegen Fruchtknoten und Staubblätter verborgen. In der Mitte zwischen den beiden größeren Blütenblättern stehen zwei kleinere Blütenblätter nach rechts und links ab: die „Schmetterlingsflügel".

Gesammelt werden Blütenköpfchen und Blätter.

Pflanzen-Hormone

In den Blüten entdeckten Wissenschaftler Wirkstoffe, die unseren weiblichen Geschlechtshormonen (Östrogenen) ähneln, die sogenannten Isoflavone und Isoflavonoide. Sie wirken im menschlichen Körper hormonähnlich und gelten als Geheimtipp für Frauen in den Wechseljahren. Umstritten ist jedoch der Nutzen hochdosierter Rot-Klee-Präparate aus der Apotheke.

SO FINDEST DU IHN!

Wann?
Die Blüten findest du von Mai bis September. Die Blätter kannst du auch schon im April pflücken, dann sind sie noch besonders jung und zart.

Wo?
Achte beim Sammeln von Rot-Klee besonders auf einen gesunden Standort! Da er viele Nährstoffe braucht wächst er oft auf fetten, gedüngten Wiesen, auf viel begangenen Rasen und an Wegrändern, wo Hunde Gassi geführt werden. Suche ihn lieber auf weniger exponierten, nährstoffärmeren Wiesen und Böschungen.

Wie?
Blüten und Blätter lassen sich einfach mit den Fingern abknipsen.

Beste Freunde
Gräser, Löwenzahn, Spitz-Wegerich, Thymian, Beifuß

Behauptet sich auch zwischen Gräsern.

VORSICHT VERWECHSLUNG!

Weiß-Klee 🍴
- weiße Blütenköpfchen
- dreigeteilte Blätter mit weißen Flecken
- Blättchen rundlicher
- häufig auf Rasen
- sehr ähnliche Inhaltsstoffe
- kann ebenso verwendet werden

TIPP *Bei uns in Mitteleuropa gibt es noch weitere, rot blühende Klee-Arten wie den Mittleren Klee, Schweden-Klee oder Inkarnat-Klee. Manche davon werden landwirtschaftlich auf Wiesen gesät und können von hier aus auch verwildern. Eine Verwechslung mit dem Rot-Klee ist nicht gefährlich, denn sie sind alle essbar.*

Wald-Sauerklee (🍴)
- wächst im Wald
- dreigeteilte kleeartige Blätter
- nur 1 Blüte am Ende des Stängels
- 5 weiße Blütenblätter mit lila Adern
- Stängel unverzweigt
- in kleinen Mengen essbar mit angenehm säuerlichem Geschmack
- wegen der enthaltenen Oxalsäure wird empfohlen, ihn nicht in größeren Mengen zu verzehren. Oxalsäure kommt z. B. auch in Spinat und in Rhabarber vor

SO KANNST DU IHN VERWENDEN!

Die Blätter des Rot-Klees schmecken angenehm mild, du kannst sie roh in Salate und Smoothies geben. Auch die Blüten sind roh essbar, sie schmecken süßlich-blumig. Du kannst damit auch einfache Gerichte wie Butterbrote oder Pfannkuchen schnell verschönern. Auch eingestreut in gekochten Reis sehen sie sehr schön aus.

Getrocknet oder frisch

Die Blätter des Rot-Klees verwendest du am besten frisch. Die Blüten lassen sich auch gut auf Vorrat trocknen und behalten dabei sogar ihre wunderschöne, purpurrote Färbung.

Rot-Klee-Tee

Einer unserer liebsten Sommer-Tees, weil er gut schmeckt und wirklich kinderleicht zu finden ist. Du kannst für den Tee ebenso gut auch den noch häufigeren Weiß-Klee verwenden.

Die Blüten kannst du frisch oder auch getrocknet nutzen. Für eine große Tasse Tee rechnen wir drei bis vier Blütenköpfen. Die Blüten mit heißem Wasser übergießen, zehn Minuten ziehen lassen, dann die Blüten entfernen.

ROT-KLEE-PANCAKES

So geht's

1. Die Blüten auszupfen. Ein Drittel davon aufheben, sie dienen später der Dekoration.
2. Eier trennen, Eiweiß beiseite stellen. Das Eigelb mit dem Zucker schaumig rühren.
3. Backpulver mit dem Mehl und Salz vermischen und unters Eigelb rühren. Den Teig 15 Minuten ziehen lassen, sonst wird er nach dem Braten schnell pappig.
4. Jetzt das Eiweiß ganz steif schlagen. Ist der Teig fertig gezogen, das Eiweiß sanft unterheben (nicht rühren!).
5. Blaubeeren und Blüten unterheben.
6. Das Öl in der Pfanne erhitzen und mit der Kelle einen Klacks Teig in die Mitte der Pfanne geben. Bei mittlerer Hitze von beiden Seiten goldgelb braten.
7. Fertige Pancakes mit Puderzucker und ausgezupften Blüten bestreuen.

Das brauchst du

3 Eier
1–2 Esslöffel Zucker
300 ml Hafermilch oder Milch
1/2 Teelöffel Salz
300 g Mehl
1 TL Backpulver
Öl zum Braten
1 Tasse Blaubeeren
3 Handvoll Rot-Klee-Blüten
Puderzucker zum Bestäuben

FÜR DIE MAI-BOWLE

DER WALDMEISTER

Die Tradition der Mai-Bowle geht weit in unsere nordische Ur-Geschichte zurück. Die Pflanze hieß damals noch „herba matri sylvae", das Kraut der Waldmutter, und war der Erdgöttin Nerthus geweiht. Mit diesem heiligen Kraut und daraus gebrauten, berauschenden Getränken verband sich das naturverbundene Volk im Frühjahr mit den wiedererwachenden, Fruchtbarkeit spendenden Kräften der Erde.

WALDMEISTER

Galium odoratum

Er entfaltet seine duftenden Blätter schon früh im April, schnell, bevor die Buchen im Mai mit ihrem grünen Blätterdach dichtmachen und es dunkel wird am Waldboden. Dann erst erscheinen die weißen Blütensterne.

SO SIEHT ER AUS!

Duftende Wald-Sterne

Beim Waldmeister stehen sechs bis acht Blätter so zusammen, dass sie einen grünen Stern bilden. So können sie alle gleichzeitig das wenige Sonnenlicht im Wald einfangen. Jedes Blatt ist lanzettlich geformt, breiter als 5 mm und zum Ende hin zugespitzt. Der Fachbegriff für solche Blattsterne lautet „Quirl“. Mit dem Wachsen des Stängels bilden sich weitere dieser Blattquirle, bis sich dann im Mai aus der Mitte des obersten die Blütenstängel empor schieben. Gut zu wissen: Abgezupfte Blätter entfalten erst den vollen „Waldmeister-Duft“ (Cumarin), wenn sie zu welken beginnen.

Waldmeisterblätter im April – vor der Blütezeit

Vier weiße Blütenzipfel

Die Blüten des Waldmeisters sind winzig klein und stehen gehäuft am Ende der Blütenstängel. Von oben siehst du 4 weiße Blütenzipfel, von der Seite betrachtet ist gut zu sehen, dass diese Blütenzipfel nach unten hin zu einer trichterförmigen Röhre zusammengewachsen sind. Die Blüten verströmen einen ganz zarten Duft nach Vanillin, sie können ebenso genutzt werden wie die Blätter.

Die Blüten duften zart nach Vanillin.

SO FINDEST DU IHN!

Wann?
Wenn du den Waldmeister gut kennst, kannst du seine Blätter schon im April sammeln. Sonst warte lieber bis zur Blütezeit von Mai bis Juni, dann ist die Bestimmung leichter!

Grüner Sternchenteppich im Buchenwald

Wo?
In nährstoffreichen Laubwäldern, häufig in Buchenwäldern.

Wie?
Das zarte Waldkräutlein ist nicht sehr tief im Waldboden verwurzelt. Darum knipse bitte jeden Stängel einzeln mit den Fingern ab, um nicht versehentlich die feinen Wurzeln mit herausziehen.

Beste Freunde
Rot-Buche, Wald-Sauerklee, Knoblauchsrauke, Buschwindröschen, Bärlauch, Aronstab

VORSICHT VERWECHSLUNG!

Wald-Labkraut ✗

- Blattquirle aus 6–8 Blättern
- wird 50–100 cm hoch
- wächst auch im Wald
- Blütezeit erst im Juli und August
- Blätter riechen beim Zerreiben unangenehm
- Stängel rund, mit 4 undeutlichen Leisten, verzweigt
- lockerer Blütenstand
- ungenießbar!

Kletten-Labkraut

- bis 2 m lang, kriecht und klettert
- Blattquirle aus 6–8 Blättern
- wächst an sonnigeren Standorten
- Blätter und Früchte mit hakigen Borsten besetzt
- Stängel 4-kantig, mit Stachelborsten
- erklimmt benachbarte Pflanzen
- blüht von Juni bis Oktober
- junge Pflanzen sind ein gutes Wildgemüse für Suppen, in Bratlingen oder Aufläufen (wegen der Borstenhaare nicht zum rohen Verzehr geeignet)
- alte Heilpflanze zur Entschlackung

SO KANNST DU IHN VERWENDEN!

Waldmeister ist der Liebling der Volksheilkunde. Er wirkt leicht beruhigend und ist ein wertvolles Helferlein bei Schlaflosigkeit, Kopfweh und Nervosität. Du kannst dir auch einen Tee daraus kochen!

Waldmeister-Bowle
1 l Weißwein mit drei EL Honig erwärmen, bis der Honig sich ganz aufgelöst hat (nicht kochen lassen). Einige Scheiben frische Zitrone dazugeben. Ein Sträußchen frischen, etwas angewelkten Waldmeister für zehn Minuten kopfüber in den noch warmen Wein hängen. Dann den Waldmeister herausnehmen und mitsamt den Zitronenscheiben kaltstellen. Kurz vor dem Servieren mit einer Flasche Sekt auffüllen.

Duftendes Badesalz
Ein Sträußchen Waldmeister fein zerkleinern und mit Salz vermischen. Ob grob oder körnig spielt hierbei keine Rolle, wir benutzen unser normales Speisesalz ohne Rieselhilfen und anderweitige Zusätze. Beides im Mörser fest miteinander verreiben. In ein fest verschließbares Glas geben und drei Tage gut verschlossen durchziehen lassen. Zum Schluss auf einem flachen, großen Teller zum Trocknen ausbreiten.
Das getrocknete Salz bewahrst du am besten in einem verschließbaren Glas auf, hier behält es seinen Duft mindestens ein Jahr lang.
Zum Baden gibst du ein bis zwei Esslöffel von deinem Waldmeistersalz ins Badewasser.

TIPP *Die duftenden Cumarine werden erst beim Welken frei, deshalb Waldmeister immer erst für mindestens eine Stunde anwelken lassen.*

WALDMEISTER-SIRUP

So geht's

1. Wasser und Zucker in einen Kochtopf geben und 15–20 Minuten lang köcheln lassen, bis es leicht zähflüssig wird.
2. Zitronenscheiben und den Waldmeister zugeben und bei geschlossenem Deckel drei Tage an einem kühlen Ort durchziehen lassen.
3. Den Sirup noch einmal kurz erhitzen, dann Waldmeister und Zitronenscheiben abseihen.
4. Den noch heißen Sirup in die kochend heiß ausgespülten Flaschen füllen und sofort fest verschließen. Nach dem Abkühlen etikettieren nicht vergessen.

Hält verschlossen bis zu einem Jahr. Angebrochene Flaschen müssen im Kühlschrank gelagert und innerhalb weniger Wochen verbraucht werden.
Der Sirup ist sehr fein, um damit Getränke oder Süßspeisen zu Aromatisieren. Schon ein kleiner „Schuss“ in Mineralwasser oder Sekt schmeckt sehr erfrischend und außergewöhnlich.

Das brauchst du

2 Sträußchen angewelkten Waldmeister

1 l Wasser

700 g Zucker

2 Bio-Zitronen, in Scheiben geschnitten

Kochtopf, Sieb und Trichter

Saubere, fest verschließbare Flaschen

Etiketten und Stift

GEKÜSST VOM OREGANO

DER WILDE DOST

Das aromatische Kraut voll ätherischer Öle ist ein naher Verwandter von Oregano und Majoran – und wird auch häufig mit ihnen verwechselt. Anders als diese Beiden wächst der Wilde Dost aber bereits seit sehr langer Zeit wild in Mitteleuropa. Du findest ihn hier in praller Sonne auf Sand, Kies und zwischen Steinen. Karges Ödland und trockene Hänge erinnern an seine Heimat, das Mittelmeer.

WILDER DOST

Origanum vulgare

Schon ab April findest du seine aromatischen Blättchen, mit der Blüte wartet das sonnenliebende Kraut noch bis zum Hochsommer. Auch seine Blüten sind dann eine würzige Bereicherung für die wilde Küche.

SO SIEHT ER AUS!

Duften beim Zerreiben

Das Blatt des Wilden Dosts ist meist 2–4 cm lang, länglich-eiförmig und sitzt auf einem kurzen Blattstiel. Der Blattrand ist meist glatt, kann aber auch mit ganz winzigen Zähnchen oder feinen Härchen besetzt sein. Beim Zerreiben verströmen sie einen typischen würzig-aromatischen Duft.

Mit Ober- und Unterlippe

Die rosa bis blasslila Blüten stehen dicht gedrängt in Büscheln an den Zweigenden. Die Form der Blüten verrät ihre Verwandtschaft zu den sogenannten „Lippenblütlern". Den oberen Teil der Blüte bildet die zweilappige Oberlippe, den unteren Teil die dreilappige Unterlippe. Am Grund sind die beiden Lippen zu einer Röhre verwachsen. Zwischen Ober- und Unterlippe ragen 4 Staubfäden aus der Blüte, an ihren Enden erkennst du tief purpurfarbene Staubbeutel. Jede Blüte ist von zipfeligen Kelchblättern umgeben, die zuerst grün sind und sich im Laufe des Sommers zunehmend weinrot verfärben.

Rosa Glöckchen

Vor der Blütezeit sammeln

Je jünger die Blätter, desto weicher und angenehmer sind sie im Geschmack. Die beste Zeit zum Pflücken ist deshalb im Mai und Juni – bevor der Wilde Dost seine Blütenstängel hochwachsen lässt. Ab Juli geht dann die ganze Kraft der Pflanze in die Ausbildung der Blüten. Der Wilde Dost treibt nach dem Pflücken übrigens schnell wieder neue Blätter nach!

Beste Sammelzeit für die Blätter

SO FINDEST DU IHN!

Wann?
Die Blätter sind am besten von April bis Juni, ab Juli werden nur noch die oberen Triebspitzen mit den Blüten gesammelt.

Wo?
Trockenrasen, sonnige Böschungen, ehemalige Kiesgruben, Lichtungen in trockenen Eichenwäldern.

Wie?
Blättchen lassen sich leicht mit den Fingern abzupfen. Die Blüten sitzen sehr fest am zähen Stängel, du brauchst eine Schere, um sie abzuschneiden. Bitte nimm nur wenig von jeder Pflanze – der Wilde Dost ist eine wichtige Nahrungspflanze für viele Insekten!

Beste Freunde
Thymian, Gräser, Beifuß, Johanniskraut, Odermennig, Rainfarn, Flockenblume, Spitz-Wegerich

Auf sonnigen Magerwiesen kann er sich gegen Gräser behaupten.

VORSICHT VERWECHSLUNG!

Wasserdost ☠

- wächst an Gewässerufern
- rosa Blütenschirme
- blüht von Juli bis September
- wird bis zu 2 m hoch
- große, handförmig geteilte Blätter
- alte Heilpflanze, wird heute wegen bestimmter Alkaloide nur noch eingeschränkt empfohlen

Wilder Dost (links) und Wasserdost (rechts) im Vergleich

Wasserminze 🍴

- wächst am und im Wasser
- wird 30–90 cm hoch
- runde Blütenköpfchen am Stängelende und in den oberen Blattachseln
- blüht von Juli bis Oktober
- Blätter eiförmig, am Rand grob gesägt
- Blätter riechen intensiv nach Minze, auch schon beim Vorbeistreifen
- Heilpflanze, milder als die Pfefferminze

Wirbeldost 🍴

- wächst an trockenen Standorten
- Blütenquirle stehen in Etagen übereinander
- Blüten pink
- wird 30–60 cm hoch
- Stängel und Blätter lang zottig behaart
- Blätter eiförmig, am Rand glatt oder schwach gekerbt
- blüht von Juli bis September
- riecht beim Zerreiben schwach aromatisch
- Heil- und Gewürzpflanze

SO KANNST DU IHN VERWENDEN!

Seine Blüten und Blätter stecken voller heilkräftiger, aromatischer ätherischer Öle. Du kannst daraus einen Tee kochen oder ihn in vielen Speisen zum Würzen geben. Für deinen Vorrat kannst du die Blütenköpfchen mit der Schere abschneiden und im Schatten trocknen lassen.

Wilder Dost-Salat

Blätter und Blüten sind eine feine, aromatische Zutat zu deinem Salat. Ganz fein hacken und mit deinem Blattsalat vermischen. Als Dekoration einige Blütchen darüberstreuen, das sieht auch noch hübsch aus.

Wilder Dost-Öl

Das Öl zieht die öllöslichen Wirkstoffe aus dem Wilden Dost, so bekommst du ein gesundes und aromatisches Speiseöl für deinen Salat. Wir nehmen hierzu Olivenöl, weil es besonders gut haltbar ist und nicht so schnell ranzig wird.
Abgezupfte Blüten und Blättchen drei Tage antrocknen lassen, damit Feuchtigkeit entweichen kann, sonst kann es zu Schimmelbildung kommen. In ein Weithalsglas geben, sodass es etwa bis zur Hälfte gefüllt ist. Das Glas bis oben hin mit leicht erwärmtem Olivenöl auffüllen. Verschließen und an einem halbsonnigen, warmen Ort drei Wochen stehen lassen, hin und wieder schwenken. Abseihen und lichtgeschützt aufbewahren oder in eine braune Flasche füllen. Die Haltbarkeit entspricht der des verwendeten Öls.

WILDER DOST-ROTWEINSALZ

So geht's

1. Blüten und Blätter in ganz kleine Stückchen schneiden, mit dem Salz vermischen.
2. Alles in den Mixer geben und mixen bis die Pflanzenteile pulverfein sind.
3. Das Kräutersalz in eine Schale geben und den Rotwein unterrühren. Das Salz wird dadurch etwas breiig, das macht aber nichts, das verliert sich nach dem Trocknen wieder.
4. Das Salz auf einem Backblech ausbreiten und im Backofen bei 40 °C trocknen. Kochlöffel in die Tür klemmen, damit die Feuchtigkeit entweichen kann. Das dauert ungefähr 20 Minuten.
5. Das trockene Salz durch ein feines Sieb geben, damit es ganz fein und gleichmäßig wird. Was im Sieb hängen bleibt, ist ein wunderbares Badesalz!
6. Das Salz in ein fest verschließbares Glas füllen und einen Blütenstängel vom Wilden Dost daranbinden. So weißt du immer, was in dem Glas ist.

Möglichst innerhalb der nächsten Wochen aufbrauchen, denn die hübsche Farbe bleicht im Licht nach und nach etwas aus.

Das brauchst du

125 g Salz ohne Rieselhilfen oder sonstige Zusätze

2–3 Hände voll Triebspitzen mit Blüten und Blättern vom Wilden Dost

1 EL Rotwein

Stabmixer oder Standmixer

fest verschließbares Glas

Paketschnur und 1 Stängel mit Blüten zum Dekorieren

SERVICE

Zum Erkennen von Wildpflanzen besonders hilfreich

Christa Bastgen, Berko Schröder et al.
Welche essbare Wildpflanze ist das?
Kosmos 2020

Katrin und Frank Hecker
Kosmos Naturführer für unterwegs
Kosmos 2021

Margot Spohn und Marianne Golte-Bechtle
Was blüht denn da?
Kosmos 2021

Zum Weiterlesen

Rudi Beiser
Unsere essbaren Wildpflanzen. Bestimmen, sammeln und zubereiten
Kosmos 2018

Guido Fleischhauer und Jürgen Guthmann
Essbare Wildpflanzen. 200 Arten bestimmen und verwenden
AT Verlag 2015

Katrin und Frank Hecker
Heilsame Wildpflanzen. Im Rhythmus der 10 Jahreszeiten sammeln und anwenden
Haupt 2019

Katrin und Frank Hecker
Kann ich das essen oder bringt mich das um? Essbare & giftige Wildpflanzen erkennen
Kosmos 2020

Katrin und Frank Hecker
Naturverbunden – Entdecke die Pflanzen, die dir gut tun
Kosmos 2021

Kontakt

Ihr möchtet „live" dabei sein und uns durch's Heilpflanzen-Jahr folgen? Wir freuen uns, wenn ihr uns auf unserem Facebook-Kanal besucht: ***www.facebook.com/katrinundfrank.hecker***

Giftnotrufzentralen und Giftinformationszentren

Über folgenden Link gelangst du zur Übersicht der Giftnotrufzentralen und Giftinformationszentren in Deutschland, Österreich und der Schweiz des Bundesamts für Verbraucherschutz und Lebensmittelsicherheit (BVL): ***www.kosmos.de/giftnotrufzentralen***

Deutschland
Berlin 030 – 19240
Bonn 0228 – 19240
Erfurt 0361 – 730730
Freiburg 0761 – 19240
Göttingen 0551 – 19240
Homburg 06841 – 19240
Leipzig 0341 – 9724666
Mainz 06131 – 19240
München 089 – 19240

Österreich
Wien +43 406 43 43

Schweiz
Zürich +41 44 251 51 511

REGISTER

Arten und Begriffe

Rezepte

IMPRESSUM

Mit 187 Farbfotos von Frank Hecker.
Mit 13 Illustrationen. 11 von Marianne Golte-Bechtle (5, 14, 30, 38, 46, 54, 62, 78, 86, 94, 102), 2 von Sigrid Haag (22, 70).

Umschlaggestaltung von Claudia Adam Graphik Design, Bad Kreuznach, unter Verwendung zweier Farbfotos von Frank Hecker.
Die Fotos zeigen Beifuß (vorne) und Bitteres Schaumkraut (hinten).

Mit 187 Farbfotos und 13 Farbzeichnungen.

Gedruckt auf chlorfrei gebleichtem Papier

ISBN 978-3-440-17241-4
Projektleitung und Redaktion: Lisa Hummel
Bildredaktion Lisa Hummel
Gestaltungskonzept: Claudia Adam
Gestaltung und Satz: typopoint GbR
Produktion: Markus Schärtlein
Druck und Bindung: LONGO AG, Bozen
Printed in Italy / Imprimé en Italie

FSC
www.fsc.org
MIX
Papier aus verantwortungsvollen Quellen
FSC® C023164

NABU
Giftfrei Gärtnern tut gut …
… Ihnen und der Natur.
Informieren Sie sich hier.
NABU/A. Wolff
Weitere Infos unter www.NABU.de/giftfrei

INTERVIEW MIT DEN AUTOREN

Katrin und Frank Hecker sind Diplom-Biologen mit einer großen Leidenschaft für alles, was wächst, kreucht und fleucht. Gemeinsam leben und arbeiten sie als Naturfotografen und Autoren auf ihrem Wildwuchs-Grundstück in Schleswig-Holstein. Pflanzen aus der Natur zu sammeln und zu essen gehört ebenso selbstverständlich zu ihrem Leben wie ihre Kinder, eine kleine Schafherde, Hühner und Hunde.
Ihre an die 50 verschiedenen Sachbücher wurden in viele Sprachen übersetzt und die Naturfotos aus ihrem umfangreichen Bildarchiv erscheinen regelmäßig in namhaften Zeitschriften und Sachbüchern.

Könnt ihr unseren Lesern sagen, warum es sinnvoll ist, wilde Pflanzen zu essen?
Das ist wirklich leicht zu beantworten: weil das, was in wilden Pflanzen steckt durch absolut nichts zu ersetzen ist, was man kaufen könnte.

Und was sind das für besondere Inhaltsstoffe in Wildpflanzen?
Neben vielen Mineralstoffen und Vitaminen geht es hier vor allem um die sogenannten „sekundären Pflanzenstoffe", auch Phytamine genannt. Zum Beispiel sind das ätherische Öle, Bitterstoffe, Gerb- und Schleimstoffe und noch etliche mehr.

Was genau bewirken diese Phytamine aus Wildpflanzen?
Für die Pflanze sind das echte Survival-Wirkstoffe, die sie seit Jahrmillionen befähigen, ohne Gärtner in wilder Natur zu überleben. Auch für uns Menschen sind genau diese Wirkstoffe von größter Bedeutung, um gesund zu bleiben – oder wieder zu werden. Sie sind es auch, die viele Wildpflanzen zu großartigen Heilpflanzen machen.